Los Dones Espirituales

Un análisis de la evidencia bíblica del poder, la práctica
y motivación del Espíritu Santo en la vida de los
creyentes y la manifestación de Su obra en las iglesias
locales

Incluye un estudio especial sobre el tema de las
oraciones en lenguas o *lenguas devocionales.*
¿Qué dice la Escritura?

Don Fanning
Branches Publications

Primera edición 2011

Los Dones Espirituales
Don Fanning

Diseño de la tapa por Krista Freeman

Publicado por
Branches Publications
2040 Downing Dr
Pensacola, FL 32505

ISBN-13 978-0-9833290-8-4
ISBN-10 0983329087

Contenido

Introducción

La naturaleza de la iglesia obliga a que sus miembros reconozcan sus repectivas capacidades y que comiencen a operar en el área de sus ministerios. El cuerpo físico es uno, sin embargo, hay brazos, piernas, manos, pies, etc., cada uno con sus respectivas funciones operando de manera diferente y a la vez en armonía y unidad. Así el Cuerpo de Cristo, la Iglesia, tiene Unidad en la Diversidad.

Pero si el cuerpo va a funcionar como un organismo, requiere que los miembros ministren o sirvan los unos a los otros con todas las capacidades dadas por el Espíritu Santo. Una iglesia, que es el Cuerpo en miniatura funcionando, requiere madurez espiritual, entendimiento bíblico y reconocimiento (y uso) de los dones de cada miembro. Este estudio se desarrolla mediante (1) un estudio de los pasajes que describen los dones, (2) una descripción de los dones, (3) como reconocer los dones, y (4) algunas sugerencias en cuanto a cómo desarrollarlos y practicarlos en su iglesia local.

El poder del Espíritu fluye en la iglesia por medio de los dones que El ha dado a cada creyente. El don **no es en sí el propósito o la meta** del creyente, sino sencillamente el **medio** que analiza o expresa la bendición del Espíritu. La posesión de un don no es en sí índice de espiritualidad. El don tiene la función de un canal o de un embudo, nada más. El Espíritu utiliza esos dones para la edificación de las personas en la iglesia, para el desarrollo de su semejanza a Cristo, y para la extensión de la iglesia en el mundo.

Debido a la importancia que tienen los dones en la vida, el creyente tiene que reconocerlos y ejercitarlos y no debe desalentarse en la búsqueda de ellos; es decir, la prioridad debe ser la madurez espiritual, el conocimiento de las Escrituras, y el servicio para el Señor. Si en su iglesia falta algo, busque una manera de ayudar. Si no hay conversiones y conoce a incrédulos, haga lo posible para llevarlos a conocer a Cristo. Ocúpase en servir al Señor y a los demás, y sus dones, sin duda, se harán presentes a la brevedad. La experiencia nos muestra que hay veces cuando el Señor tarda en mostrarnos nuestros dones para que estemos lo suficientemente maduros y consagrados para utilizarlos debidamente en Su servicio y con Su poder. Lo importante es que aprendemos a ministrar y a servir los unos a los otros.

Cuando termine su estudio sobre los dones podrá . . .
(1) Escribir una lista de los dones del Nuevo Testamento, localizarlos y definirlos en sus propias palabras.
(2) Identificar por lo menos un don de los que Dios le ha dado.
(3) Ayudar a otras personas a descubrir y definir sus dones..
(4) Contribuir a que el pueblo de Dios en las iglesias esté consciente de sus dones y los comience a usarlos en sus propios ministerios.

NOTESE: No debemos IGNORAR los dones espirituales (1 Cor. 12:1)

ALGUNOS PROBLEMAS EN EL ESTUDIO DE LOS DONES

Introducción: Los dos extremos son malos:
1. Descuidar el tema (a veces porque hay desacuerdos)
2. Sobreenfatizar los dones de tal forma que el desarrollo de la vida espiritual hacia una semejanza a Cristo, en Su carácter, llegan a ser secundarios.

Problemas:
1. Hay desacuerdo entre los cristianos Evangélicos en cuanto a la definición de los dones e incluso en cuanto a la validez actual de alguno de ellos.
2. Hay ignorancia y descuido de los dones espirituales en muchas iglesias.
3. Hay confusión respecto a la relación entre los dones espirituales y las capacidades naturales o talentos del creyente.
4. Ciertos dones están enfatizados por algunos creyentes como si fuesen evidencia indispensable de un carácter espiritual. En el mejor de los casos esto produce orgullo y en el peor de los casos causa divisiones.

Principios para enfrentar los Problemas:
1. Los desacuerdos entre los Evangélicos normalmente evidencian la ausencia de una clara evidencia bíblica para resolver la cuestión. Entonces debe manifestarse cierta tolerancia y permitir la expresión de las diferentes opiniones en tanto que no violen requisitos claros de las Escrituras.
2. Cuando comience a enfatizar los dones, empiece de a poco. Demuestre los dones en su propia vida. Enseñe sin dar a entender que todo lo dicho por otros anteriormente está equivocado. Cada vez que sea posible reconozca los dones que han sido usados en su iglesia.
3. No se preocupe tanto de hacer distinciones entre dones y talentos. Use ambos en el servicio del Señor. Confíe en que Él ha de mostrar las distinciones necesarias.
4. Cuídese de no enfatizar algún don especial o la exclusión de otros. Distinga entre el ejercicio del don en la iglesia (esta idea debe ser promovida) y el uso de un don como señal de espiritualidad (esta idea debe ser extinguida). Esté seguro que puede distinguir entre el fruto del Espíritu y sus dones. Fruto indica **madurez espiritual**; los dones están para el **servicio**.

DISTINCIONES ENTRE LOS DONES Y EL FRUTO DEL ESPIRITU:

Dones Del Espíritu	Fruto del Espíritu
1. Diferentes dones para cada creyente; ninguno es igual	1. Todo el fruto es para todo creyente sin excepción.
2. Relacionados con el ministerio	2. Relacionado con nuestro carácter
3. Clasificados según su prioridad o necesidad	3. Todos sus aspectos son esenciales e igualmente importantes
4. Pueden ser abusados, causar ofensas y divisiones	4. Nunca serán mal usados si son auténticos
5. Ningún creyente tiene todos los dones del Espíritu.	5. Todos los creyentes deben mostrar el fruto del Espíritu
6. Ningún don es obligatorio para todos	6. A todos se nos manda manifestar el fruto del Espíritu.

CONCLUSIONES:

1. ¡El ideal bíblico es unir el ejercicio de los dones del Espíritu con la expresión del fruto del Espíritu (9 aspectos) en la vida, simultáneamente!
2. Ambos, el fruto y los dones, son "señales" de la presencia del Espíritu en nuestra vida.
3. La madurez se manifiesta, primordialmente, en ser como Cristo, mostrando en nuestras vidas el fruto del Espíritu. No se manifiesta por la presencia de dones ni por una expresión poderosa de los mismos.

PASOS PARA DESCUBRIR Y DESARROLLAR SU DON DEL ESPIRITU

Sección I. Estudie los pasajes que describen los dones

1. Haga una lista de los dones en cada pasaje.
2. Busque principios que gobiernen los dones.

Sección II. Estudie los dones a fondo hasta que pueda reconocerlos en otros creyentes

1. Haga un estudio bíblico personal sobre los dones.
2. Busque ilustraciones bíblicas de personas con dones. Haga una lista de todo lo que se encuentre en la Biblia.
3. Estudie las vidas de líderes cristianos para identificar sus dones. Haga otra lista.
4. Identifique los dones que se manifiesten en creyentes conocidos.

Sección III. Analícese e identifique cuál es su don principal.

1. Use la encuesta sobre sus propias convicciones.
2. Recuerde que, si anda en el Espíritu (no en la carne), sus deseos provendrán de Dios

Procure que otros cristianos confirmen sus dones

1. Pídale a alguien con el don de sabiduría, o discernimiento, enseñanza, o conocimiento que le dé sugerencias al respecto.
2. Pida a sus amigos íntimos que comenten sus ideas sobre cuál es su(s) don(es).
3. Primordialmente, pregunte a los líderes de su iglesia.

Sección IV. Deje que la experiencia sea un factor determinante en la manifestación de su(s) don(es)

1. Su iglesia será más y más consciente de su(s) don(es) mientras usted trabaje en ella.
2. Usted será consciente del fruto que resulta por ejercitar su don con otras personas.
3. Usted sentirá una satisfacción creciente por lo que está haciendo.
4. Usted reconocerá que los hombres con dones, especialmente de liderazgo, van a atraer a otros con dones similares.
5. Haga la encuesta sobre sus experiencias.

Sección V. Los dones que han resultado de la encuesta, póngalos en práctica. Empiece con las sugerencias de un plan de desarrollo recomendado para su(s) don(es). Escoja a la vez su servicio en su congregación .

1. Siga el procedimiento recomendado conforme a lo que ha escogido.
2. Escriba en sus propias palabras el plan para desarrollar su don.
3. Escriba el área o tipo de servicio que buscará suplir con su don y úselo para siempre en el servicio del Señor.
4. Escriba el deseo de su corazón sobre lo que quiere cumplir para el Señor con su(s) don(es) o ministerio.

Sección I

PRINCIPIOS Y UBICACIÓN

DE LOS DONES

Análisis de los Dones
Principios y Ubicación de los Dones

I. Los Principios de Romanos 12:1-8

A. Los siguientes son una serie principios, conceptos y directrices derivados de los versículos claves en nuestros pasajes. Usted puede verificar cada dicho, o modificarlos para su entendimiento de los dones según la Palabra. Aquí usted recibe dirección para el entendimiento y práctica de todos los dones.

12:3   Cada uno de nosotros debe evaluarse en términos de los dones de Dios.

12:6   Debemos reconocer que nuestros dones son diferentes y así tendremos la libertad de dedicarnos al don(es) particular(es) que el Señor nos haya dado.

12;6   Debemos ejercitar nuestro don conforme a la fe (entendimiento de la voluntad de Dios) que el Señor da a cada uno.

12:8   El motivo del uso del don, y la actitud en su uso, son tan importantes como el hecho de ejercitar un don ("a la medida de fe," "con liberalidad," "con solicitud," "con alegría").

12:4-6 Cada uno debe tener la oportunidad en su iglesia de usar sus dones INTERdependientemente con los demás.

B. Explicación de los dones

Dones mencionados	Propósito del don	Manifestación genuina
Profetizar	La recepción y proclamación del mensaje divino.	Predicación de la verdad revelada con poder y demostración del Espíritu que siempre se cumple tal como se profetizó.
Servir, Ministar, Ayudar	Suplir las necesidades materiales de otros.	Servicio físico y material totalmente bajo la dirección y la sabiduría del Espíritu.
Enseñar	La iluminación y clarificación de la revelación dada por los apóstoles y profetas en la Palabra de Dios.	La clara comunicación de los principios, sentidos y definiciones de palabras en sus contextos y gramática (Ef. 1:16-19)
Exhortar	Mantener la pureza y obediencia a la Palabra de Dios.	El consejo, consolación y amonestación motivando la obediencia a la Palabra.
Repartir	Sostener económica y materialmente al ministerio y a personas necesitadas.	Compartir libremente sus bienes bajo la dirección del Espíritu.
Presidir, administrar, gobernar	Mantener el orden, dirección y motivación de la iglesia	Gobernar como líder bajo la dirección y sabiduría del Espíritu
Misericordia	Manifestar la compasión de Dios para los necesitados, rechazados y no amados.	Actos de amor y sacrificios inspirados por el Espíritu Santo, que demuestren el amor de Dios.

II. Principios en 1 Corintios 12-14

A. Los Principios de los Dones enseñados en 1 Corintios 12-14

12:1   La ignorancia de los dones puede producir abusos.

12:2   Experiencias inusuales no indican necesariamente la obra del Espíritu.

12:3   Una prueba de la actividad del Espíritu es que siempre exalta la deidad de Cristo.

12:4   El Espíritu produce DIVERSIDAD de los dones, no SIMILITUD.

12:5   Cristo motiva la variedad de SERVICIOS (*diaconia*) para el beneficio de otros.

12:6   El Padre provee la variedad de EFECTOS (*energematon* ,"energía o poder").

12:7   La MANIFESTACION de una capacidad del Espíritu es dada a **cada creyente.**

12:7   El PROPOSITO es para "provecho" (literalmente, "beneficio común"). No es para uno mismo.

12:11   Los dones no son dados por mérito, deseo o espiritualidad, sino por decisión del Espíritu.

12:12   La unidad resulta de la diversidad.

12:13   El Cuerpo de Cristo es formado por el Bautismo del Espíritu que todos experimentan en el momento de recibir la salvación.

12:14   Un cuerpo requiere distintos miembros (dones).

12:15   Ningún miembro es inferior al otro. El cuerpo depende de todos.

12:16   Desear la atención que reciben algunos dones es egoísmo.

12:17   Ninguna parte es igual a la totalidad, aunque algunos son más destacados.

12:18   Dios mismo creó nuestras capacidades. No es nuestra elección lo que determina los dones.

12:19   ¡Insistir en un solo don común es monstruoso!

12:21   A los dones más visibles les hacen falta los menos visibles. No se debe sobreenfatizar su importancia.

12:22   Los dones "débiles" son más sensibles a las heridas; requieren protección y reconocimiento.

12:24   Los dones más reconocidos no precisan más reconocimiento, pero Dios "ordenó" que habrá un honor especial para los menos reconocidos ahora, mostrando así que todos son iguales.

12:25   El egoísmo y envídia causan divisiones. Nuestra preocupación es servir a otros en armonía.

12:26   Si un don sufre, todos sufren; si un don es reconocido, debe producir regocijo en todos.

12:27   Cada miembro del cuerpo es solamente parte de la totalidad, pero la contribución de cada parte es esencial.

12:31   Deben tener prioridad los dones de más alta categoría.

13:1-3 Cualquier don o capacidad que no sea motivado por amor a otros es vano e inútil.

13:4   Por amor, los dones que se usan con paciencia, siempre benefician a otros, no desean la fama o reconocimiento, no exageran su importancia, ni se enorgullecen.

13:5   Por amor, los dones no hacen cosas para avergonzar a otros, no son egoístas ni desean cosas para sí mismo, no se ofenden, ni recuerdan heridas u ofensas.

13:6   Por amor, los dones no se deleitan en divisiones o injusticias, pero su deleite es cuando la Palabra sea entendida y aplicada en vidas.

13:7   Por amor los dones "cubren" las faltas de otros, aceptan su palabra, ven lo mejor en ellos y nunca se desaniman en el servicio a los demás.

13:8   El amor es permanente, pero algunos dones no lo son. Tres dones terminarán: profecía, lenguas y ciencia.

13:9   La razón de que el amor sea mayor que los dones de ciencia y profecía es que, a lo mejor, éstos son parciales o incompletos.

13:10 El tiempo de la terminación de los dones temporales es el cumplimiento de "lo perfecto", es decir, el cumplimiento de lo que la ciencia y la profecía revelaban *"en parte."*

13:11 La razón para la terminación de los dones temporales es la "madurez" relativa de la iglesia; no los precisa más. Cumplieron su función de conseguir la madurez de la iglesia.

13:12 Antes que la revelación fuera cumplida, Pablo no vio toda la voluntad de Dios tal como fue posible después de verla en su totalidad.

13:13 La prioridad después del cese de la revelación es la fe, la esperanza y el amor, este último como prioridad.

14:1 Los dones "mejores" de las cinco categorías en 12:28, deben tener prioridad. El máximo don posible en el tiempo de Pablo fue el de profecía pero al terminar la profecía, la más alta es maestro.

14:2 Pablo diferenció entre "lengua" y "lenguas"; la primera fue extática o emocional mientras que, el plural fue el don genuino. Aquí el vocablo griego es singular; y hace referencia la práctica pagana que infiltraba la iglesia, en la cual el "espíritu" del hombre pretende hablar "misterios" tal como las sectas paganas lo proclaman. Esta es la lengua falsa.

14:3 El genuino don es para el beneficio de otros, produciendo edificación, exhortación y consolación.

14:4 El don falso (singular) tiene un motivo egoísta, pero los dones genuinos se ejercen para beneficio de los demás.

14:5 El don genuino (plural) comparándolo con el don falso es mejor, pero es inferior al de profecía. Si las lenguas se interpretan, la interpretación podrá ser una bendición; pero el ejercicio del don de lenguas sin interpretación nunca puede serlo.

14:6 En el tiempo de Pablo, la Palabra de Dios no estaba escrita, sino que era recibida por revelación, ciencia o profecía. La "Doctrina " sería algo ya revelado y grabado.

14:7-9 La lengua falsa (singular) es comparada a ruidos hechos con instrumentos sin composición musical; no comunica nada a nadie en absoluto. Una lengua tiene que ser comprensible a alguien para que sea genuina.

14:10 El don genuino de lenguas es un "idioma. . . en el mundo." Una lengua tiene que tener "significado", sonidos distinguidos por la gramática y la fonética.

14:12-13 El énfasis y la prioridad en las iglesias tienen que ser en los **dones que edifican.** Si es posible interpretar una lengua (singular), no diga nada, sino ore por una interpretación que pueda edificar.

14:14-15 Da la ilustración de que si él hubiera orado en una lengua (singular) habría sido totalmente sin provecho para sí y otros. Pablo determinó orar siempre con su "mente", y cantar con su "mente", así que ¡**PABLO NUNCA ORO EN UNA LENGUA EXTATICA!**

14:16-17 Cuando se oraba en la iglesia primitiva, uno oraba y los demás le acompañaban diciendo "Amén"; pero cuando aquel pretendía orar en "el espíritu" (no de Dios) no podían acompañarle porque no le entendían.

14:18-22 Pablo hablaba en lenguas frecuentemente, pero **nunca en las iglesias.** Fue como señal a los judíos (Is. 26:11-12), que estaban esperando algo que confirmara la nueva revelación.

14:23 El don de lenguas (plural) delante de gentiles inconversos no tiene sentido; es una locura. Es inútil para el evangelismo de los gentiles.

14:24-25 La profecía, al contrario, produce convicción genuina con el resultado de conversiones profundas.

14:26 Cualquier cosa para compartir en las reuniones debe tener como propósito la edificación de los creyentes. Ellos deben entender lo que se les enseña.

14:27 Si hay algunos que quieren hablar en una lengua (singular) están limitados a dos o tres por reunión, uno a continuación de otro, y con alguien presente que interprete.

14:28   Si no hay intérprete está prohibido hablar en lenguas en la iglesia. Y si es del Espíritu, es controlable.

14:29   También los que profetizan están limitados a dos o tres (se supone por turno), y los demás tienen que "juzgar" o evaluar si lo que dicen es verdad o no (1 Juan 4:1).

14:30   Interrupciones fuera de dos o tres, aún cuando haya recibido una revelación, están prohibidos.

14:31   El propósito de los dones se enfoca en el aprendizaje bíblico, la exhortación o consolación.

14:32   El verdadero don del Espíritu siempre es controlable porque el fruto del Espíritu produce control de uno mismo (templanza). ¡Cuando alguien pierde el control de sí mismo, no está bajo el poder del Espíritu!

14:33   En una reunión, si varias personas están hablando simultáneamente, hay confusión. Así que Dios no tiene control de la reunión.

14:34-36 Otro síntoma de que Dios no tiene control de la reunión es cuando las mujeres están asumiendo la enseñanza o liderazgo de la congregación. Los dones no actúan "indecorosamente", es decir que una mujer le enseñe a la congregación. Dios eligió revelar Su Palabra a través de hombres.

14:37   Pablo no escribió recomendaciones, sino mandamientos del Señor. Aun sus preferencias deben ser recibidas como mandamientos.

14:39   La prioridad es el aprendizaje bíblico (14:31) y la exhortación, pero si alguien tiene el don de lenguas (plural, es decir, dialectos actuales) no se le debe prohibir si obedece los requisitos anteriores (v. 37).

14:40   La evidencia del poder y presencia de Dios se manifiesta en una reunión decente (*respeto*) y con orden (*de calidad o sucesión*).

B. Los dones mencionados en 1 Corintios 12-14

Dones	Propósito	Manifestación genuina
Apóstol	Ser el representante de Jesús en la fundación de la iglesia y fuente de la revelación divina.	Alguien elegido personal-mente por Jesús para llevar el evangelio de Su ministerio a nuevas regiones, además tendrán el ministerio de la confirmación milagrosa del mensaje con señales (2 Cor. 12:12).
Profeta	(Vea Romanos 12)	
Enseñanza	(Vea Romanos 12)	
Palabra de ciencia	Capacitar para declarar la revelación de la Palabra de Dios dada por esta persona por revelación especial.	Recibir en su mente la nue-va revelación queDios estaba dando. Entender,organizar e iluminar claramente los pensamientos de Dios; sería imposible descubrirlos por medio de la razón humana u intuición.

Dones	Propósito	Manifestación genuina
Palabra de sabiduría	Capacitar para la aplicación práctica de los principios e instrucciones de la Palabra a las situaciones cotidianas.	Claridad y convicción de los beneficios de aplicar los mandamientos y ejemplos bíblicos a cada vida para su transformación.
Fe	Capacitar para percibir lo que Dios quiere hacer en las situaciones actuales y confiar en Su intervención.	Una fe especial dada por el Espíritu para demonstar Su poder y animar a los hermanos.
Milagros	Capacitar para hacer señales y prodigios indudablemente sobrenaturales e instantáneos.	Autoridad de demostrar que el poder de Dios es más poderoso que el poder de Santanás.
Sanidades	Capacitar para hacer señales especiales que confirman su mensaje revelado.	Una autoridad dada por Jesus para señales especiales y demostración de Su poder divino.
Discernimiento de espíritus	Capacidad de discernir la credibilidad de maestros itinerantes para protejer a la iglesia de maestros falsos y espíritus seductoress.	La capacidad de discernir entre la motivación por el Espíritu, la carne y otras influencias de espíritus atrás de sus mensajes.
Lenguas	Capacidad de hablar en lenguas extranjeras, especialmente una señal para Israel.	Capacidad milagrosa de hablar en lenguas actuales para un señal a incrédulos.
Interpretación de lenguas	Capacidad de intrepetar lenguas extranjeras que sean del don de lenguas o actuales.	Milagrosamente poder de interpretar un lengua extraña en la iglesia
Ayudas	(Vea la descripción en Romanos 12)	
Administración	(Vea la descripción en Romanos 12)	

III. Los principios de Efesios 4:1-16

A. Lo siguiente es una serie principios, conceptos y directrices derivados de los versículos claves en nuestros pasajes. Usted puede verificar cada dicho, o modificarlos para su entendimiento de los dones según la Palabra. Aquí usted recibe dirección para el entendimiento y práctica de todos los dones.

4:7 A **cada** creyente le ha sido dada "la gracia" (*charis*, no la *charismata* de los dones en 1 Cor. 12) para que los dones, *charismata,* funcionen para la gloria de Dios. Esta "gracia" de capacitación es dada en diferente medida a cada creyente como también lo es la fe para ejercitar su ministerio (Rom. 12:3). Así que hay una variedad infinita de manifestaciones de los dones.

4:8   Conforme a la profecía, al llegar al cielo después de Su ascensión, Jesús empezó a dar "dones" (*domata*) a los hombres como el Conquistador triunfante. Es parte de Su "botín" ganado en la cruz.

4:11   Jesús mismo dio a los apóstoles y profetas para la fundación de la iglesia (2:20). Los evangelistas, pastores y maestros tenían que continuar y cuidar a la iglesia fundada por los apóstoles y profetas.

4:12   La responsabilidad primordial de los evangelistas y pastores-maestros es "equipar" o "hacer completos" (vea Heb. 13:20-21) a los santos en el conocimiento de la Palabra y la eficacia del ministerio.

4:13   Cuando los dones del ministerio funcionan correctamente, el resultado será unidad de la fe y el conocimiento pleno, íntimo y personal de Cristo (Fil. 3:8, 10).

4:14   El ministerio de los dones dentro de una iglesia previene la inestabilidad de individuos y el engaño del error.

4:15   Si estamos siguiendo la verdad y comunicándola en amor vamos a crecer espiritual y numéricamente.

4:16   La fuerza de una iglesia surge de la dedicación de cada miembro hacia otro en "ayudarse mutuamente" con el ministerio de su don.

B. Los Dones mencionados en el Pasaje:

El don	El propósito	Manifestación genuina
Apóstol	Vea 1 Corintios 12	
Profeta	Vea Romanos 12	
Evangelista	Capacitar enseñar y exhortar el mensaje del evangelio.	Capacidad de presentar claramente en público o privado el mensaje tal que se entienda y los incrédulos estén motivados a creer.
Pastor	Capacitar el liderazgo y el cuidado de la grey de la iglesia de Cristo	Capacidad de ganar seguidores por creyentes, guiarles hacia metas espirituales y protejerles del error.
Maestro	(Vea Romanos 12)	

IV. Los principios de 1 Pedro 4:7-11

A. Lo siguiente es una serie principios, conceptos y directrices derivados de los versículos claves en nuestros pasajes. Usted puede verificar cada dicho, o modificarlo para su entendimiento de los dones según la Palabra. Aquí usted recibe dirección para el entendimiento y práctica de todos los dones.

4:7 Puesto que el fin del tiempo se acerca, debemos invertir nuestras energías en cosas eternas, que tengan valor.

4:8 El ministerio entre los hermanos debe ser motivado por amor, evidenciado por la protección y aceptación mutua que comuniquemos. "Cubrir" las faltas de otros es amor (1 Cor. 13:7).

4:9 El amor se manifiesta en servir para suplir las necesidades de otros.

4:10 Cada creyente tiene que servir (*diakonía*) a los demás en el área de su don. Cada creyente es un "mayordomo" (*administrador*) de los dones que nos han sido dados para utilizar.

4:11 Los dones son divididos en dos categorías: **dones de hablar** como profecía, maestro, sabiduría, exhortación, etc., y **dones de servicio** (*diakonia*) como ayuda, administración, misericordia, repartir, servir, etc. El hablar es en conformidad a la Palabra y el servicio en la fuerza dada por Dios. El resultado será que Dios es glorificado, demostrando que Su presencia permite que el creyente no viva de manera egoísta -para sí mismo-, sino sacrificándose como lo hizo Cristo al servir a otros.

Cuatro Maneras de Analizar los Dones

I. En términos de cómo ejercitar los dones: ("?" indica posibles dones temporales)

La iglesia entera	La iglesia	esparcida	Tanto para los creyentes como los incrédulos	La iglesia regional
Profecía	*A los incrédulos*	*A los creyentes*	Enseñanza	Apóstol (?)
Ciencia	Misericordia	Ayudas	Pastorear	Evangelismo
Sabiduría	Evangelismo	Fe	Sabiduría	Maestro
Administración	Lenguas (?)	Discernimiento	Ciencia	Exhortar
Repartir	Interpretación (?)	Repartir	Exhortación	Sabiduría
Exhortación		Sanidad (?)	Apostolado (?)	
Enseñanza			Evangelismo	
Evangelismo				

II. En términos de liderazgo o funciones auxiliares ("?" indica posibles dones temporales)

Liderazgo		Funciones auxiliares	
Apóstol	Ayudas, servico	Repartir	Lenguas (?)
Maestro	Fe	Exhortación	Interpretación (?)
Pastor-Maestro	Misericordia	Administración	Sanidad (?)
Evangelista	Discernimento	Ciencia (?)	Milagros (?)
Profeta (?)	Sabiduría		
Presidir			

III. En términos de lo que puede ser DESARROLLADO ("?" indica posibles dones temporales)

Puede ser desarrollado	Manifestado ya desarrollado	No es claro
Maestro	Milagros (?)	Misericordia
Pastor-maestro	Profecía (?)	Administración
Sabiduría, ciencia	Lenguas (?)	Liderazgo
Fe, repartir	Apóstol (?)	
Evangelismo	Lenguas (?)	
Exhortación, Discernimiento	Interpretación (?)	

IV. En términos prácticos del estudio

Dones de comunicar	Dones de servicio auxillar	Dones de señales
Evangelismo	Ayudas, servicio	Milagros
Pastor-Maestro	Repartir, Dar	Sanidades
Maestro	Administración, gobernar	Lenguas
Exhortación	Presidir	Interpretación
Palabra de ciencia	Misericordia	Apóstol
Palabra de sabiduría	Fe	Profecía
	Discernimiento	

Falsificaciones de los Dones en Dos Aspectos:

Falsificación CARNAL	Falsificación SATANICA
1. Apóstol: La determinación de sacrificar la vida para ir a lugares remotos sin buscar la voluntad de Dios, sin el deseo de discipular. Busca su propia fama.	Apariencia de piedad, pero lleva doctrina falsa, ascética y poderosa en palabrería (2 Cor. 11:13; Apoc. 2:2)
2. Profecía: Predicación con palabras seductoras de sabiduría humana dependiendo de la oratoria, el emocionalismo, el sentimentalismo, o de tácticas de manipulación (1 Cor. 2:1, 4)	Predicación de doctrinas falsas y engañosas sin respeto a la Palabra de Dios, bajo la inspiración directa de espiritus malignos (1 Tim. 1:6; 4:1)
3. Evangelista: El uso de métodos humanos y sicológicos para producir decisiones para Dios. Se nota por emocionalismo y técnicas para conmover a la gente y llevarla hacia una decisión, pervirtiendo el sentido)	Dirigido por Satanás para convencer al ignorante de su falsa doctrina. Poder de persuadir con argumentos sin basarlos en la Palabra aunque la utilice.
4. Pastor y Maestro Un deseo de dirigir para gloria de sí mismo, fama. Se nota por métodos de crecimiento humano, su énfasis en lo social y material, su preocupación es su respetabilidad y aceptación en el mundo.	Dirigido por Satanás para engañar y enseñar su falsa doctrina. Son muy cerrados a las Escrituras, insistiendo en sus falsas ideas.
5. Enseñanza, Maestro: Enseñanza dada en sabiduría humana enfatizando el éxito y bien del hombre. Depende de su capacidad de persuadir y la del hombre de comprender (Col. 2:18; Apoc. 2:20)	Enseñanza de la doctrina falsa o errónea, que ataque la Persona de Cristo sutil o directamente bajo la inspiración de un espíritu maligno (1 Tim. 4:1; 2 Cor. 11:14, 15)
6. Sabiduría: El intento de usar la sabiduría humana para ajustar la verdad espiritual a las cosas prácticas de la vida (Hechos 26:9; Rom. 10:2).	Los sistemas inspirados por Satanás, basados sobre principios satanicós, para el mejoramiento de las condiciones entre los hombres y las naciones.
7. Ciencia o Conocimiento: El uso de la Biblia para promover ideas seculares o el secreto del éxito, etc. en la habilidad humana para hacerla comprensible.	Revelaciones supuestamente provenientes del mundo de los espíritus, recibidas de los espíritus malignos.
8. Exhortación: Esfuerzos para ayudar y aconsejar basados en la sabiduría humana, normalmente para cubrir o ignorar el problema de la culpa.	Consejos inspirados por Satanás, basados en sus principios que motivan hacia la inmoralidad (ej. libertinaje) o la desobediencia, como Pedro hizo con Jesús (Mateo 16:22, 23)

Falsificación CARNAL	Falsificación SATANICA
9. Fe: El esfuerzo hecho para creer en el sobrenatural, dependiendo totalmente de la voluntad humana y las emociones o sugerencias para lograr su fin	Una confianza, inspirada por los espíritus malignos, en poderes ocultos de cualquier clase o en doctrinas falsas para lograr su fin.
10. Discernimiento de espíritus: El intento de la sabiduría humana para juzgar entre lo que es de Dios y lo que es de Satanás (Comparar Heb. 4:12)	Los espíritus malignos disciernen inmediatamente lo que es de Cristo y pueden impartir ese conocimiento a alguien que esté bajo su control (Mr. 1:23-24; 3:11; 5:7; Hechos 19:15:Sant. 2:19)
11. Ministerio, ayuda, servicio: El servicio material hecho en la sabiduría y poder humano para servir a otros por el beneficio que después puede sacar o servico por obligación.	La capacidad y astucia dadas por Satanás para manipular a otros por darles beneficios y beneficiar las empresas inspiradas por él.
12. Repartir, dar Dar por mérito propio o solamente como una obligación o en respuesta a un estímulo emocional o sentimental.	Dar, inspirado por Satanás, para sustentar sus obras de engaño. Los sistemas falsos nunca carecen de dinero.
13. Gobierno, presidir, administrar: La dependencia de la capacidad humana, tal como la sicología de masas, manipulación humana. Depende de una personalidad fuerte para dominar.	La capacidad para gobernar por dominio satánico hasta el poder controlar por completo a otros por sabiduría y posesión de espíritus malignos.
14. Misericordia: Los actos de amor inspirados solamente por la bondad humana, filantropía, y limitados por los alcances del amor humano.	Las manifestaciones de interés en el bienestar humano, inspiradas por Satanás para el engaño (Gn. 3:1, 4-5).
15. Milagros: El fenomeno natural o coincidencia atribuidos a la intervención de Dios por el entusiamo religioso humano, sicosomático, o por sugerencias.	Los milagros producidos por el poder de Satanás, como los que se han visto en cierto cultos falsos, espiritistas, o brujería.
16. Sanidad: La sanidad, real, o imaginada, proveniente del empleo de medios síquicos tales como la sugestión y atribuidos a la intervención divina.	La sanidad producida por el poder de Satanás, como la que se ha visto en ciertos cultos falsos.
17. Lenguas: El lenguaje extático producido por ciertos poderes emocionales llevando a un estado de excitación forzada, o por el fingimiento de tal lenguaje, siendo los resultados la confusión y glorificación de la carne.	El lenguaje producido por un espíritu maligno a través de una persona bajo su control. Tales expresiones pueden fingir piedad, pero son erróneas y a menudo viles. Los resultados son confusión doctrinal y antiescritural (1 Co. 12:2-3).
18. Interpretación de lenguas: La interpretación fingida o imaginada que resulta en agitación religiosa puramente emocional.	La interpretación sugerida a la mente por espíritus malignos. Puede fingir piedad, pero es errónea y a menudo profana.

B. * No tienen referencia a ningún don específico, sino a los ministerios que facilitan los dones o mezcla de los dones en individuos.

Una breve perspectiva histórica de los dones

I. Los primeros doscientos años (100-300 d.C)

A. El énfasis sobre los dones era evidente en el gnosticismo como así también en el Montanismo. Esto provocó que la iglesia fuese más crítica hacia aquellos que usaban los dones. Enfatizaron la profecía, pero no tenemos documentación de que hayan hablado en lenguas. Montano dijo que "después de mí no habrá más profecía, sino el fin del mundo." (Philip Schaff, *History of the Christian Church,* Vol II, p. 418). Puesto que no cumplió su profecía, era un falso profeta (Dt. 18:20-22). Dijo que él era el *Paracleto,* que es el título del Espíritu.

B. Hipólito hablaba mucho acerca del Espíritu Santo y sus dones, y en su obra llamada *Tradición Apostólica* (215 d.C), que se ha perdido, hace referencia a un tratado que escribió denominado "Sobre los Dones Carismáticos". El mayor problema del siglo III d.C. fue el surgimiento de una jerarquía entre el clero y una disminución en el énfasis sobre el papel del laíco y sus dones. Hipólito insistió en una mayor participación por parte de los laícos y más uso de sus dones espirituales.

C. Ireneo (murió en el 200 d.C.) y Orígenes (254 d.C.), refierieron a los dones espirituales y especialmente al problema de las "lenguas", pero ninguno vio la práctica, sino que informaban basados en lo que habían oído.

II. Los próximos mil doscientos años (desde el Concilio de Nicea hasta la Reforma Protestante— 300-1500 d.C)

A. El obispo Ambrosio de Milán (murió en 397 d.C.) habló brevemente acerca de las "lenguas" en su tratado "Sobre el Espíritu Santo," e hizo referencia a que cada creyente tiene un don espiritual.

B. Juan Crisóstomo (345—407 d.C.) de Constantinopla, se refirió al tema de la glosolalia como un suceso escritural que había cesado. Fue tan distante el tiempo en que escribió que el tema de las lenguas ya era "oscuro."

C. San Agustín (354—430 d.C.), obispo de Hipona en Africa, se refirió a las "lenguas" y a los dones. Dijo que las lenguas habían desaparecido temprano en la iglesia primitiva.

D. El Venerable Bede (murió en 735 d.C.) se refirió al don de lenguas.

E. Tomás de Aquino (murió en 1247) escribió acerca del don de lenguas y creía que en su época podía ser adquirido por el estudio lingüístico.

F. La evidencia de la Edad Media muestra que había muy poco énfasis en los dones espirituales. Algunas referencias que sí aparecen, hacen mención del don de "lenguas." Pero todas las personas citadas como hablando en lenguas fueron santos de la Iglesia Católica, y la evidencia histórica no confirma tales informes. Todas las evidencias de milagros durante la Edad Media no son confiables.

III. Los próximos cuatrocientos años (desde la Reforma Protestante hasta el siglo XX — 1500-1900 d.C.)

A. Martín Lutero (murió en 1546) dijo que los creyentes podían recibir uno o varios de los dones del Espíritu Santo. Habló acerca del fanatismo y de las personas que "querían tenerlo todo." Creía que las "lenguas" habían sido como señal de "testimonio a los judíos."

B. Juan Calvino (murió en 1564) escribió extensamente sobre el don de lenguas y creía que Dios lo había quitado de la iglesia antes de que fuese violado con más abuso.

C. Un énfasis renovado sobre los dones se encendió con la aparición de los Camisares o Profetas de las montañas o los Cevenoles de Francia (1702-1705). Ellos estaban seguros de que la profecía de Joel estaba sucediendo en su época. Dijeron que voces del cielo les hablaban, que estrellas les guiaban y que las heridas no les hacían daño. Lloraron lágrimas de sangre. Practicaron hablar extáticamente dando profecías, a menudo en convulsiones con espuma saliendo de la boca. Profetas hablaron en latín, hebreo, francés y dialectos natales. Dijeron que Cristo iba a volver pronto.

D. Los Jansenistas salieron de la Iglesia Católica Romana en un tiempo de persecución. Rechazaron la doctrina de la justificación por fe, insistiendo en una experiencia personal de su alma con su Creador, siendo tal relación posible únicamente en y por la Iglesia Católica Romana. Su movimiento se caracterizó por profetas aun desde la niñez, convulsiones, gente en éxtasis fuera de control y expresiones no entendibles mientras estaban inconscientes (no pretendieron hablar en lenguas). Permanecieron fieles a Roma.

E. Los Anabauptistas Radicales en Alemania fueron una facción de los Anabauptistas, que seguían las prácticas de los Jansenistas. Ellos declararon a Strasburgo como la Nueva Jerusalén y a su líder como el rey del reino. Proclamaron la poligamia. Practicaron mucha falsa profecía, pero no hay evidencia de que hablaron en lenguas ni que hicieran milagros.

F. Edward Irving (murió en 1834), un presbiteriano escocés, comenzó predicando un movimiento de restauración de los dones espirituales para la iglesia. Los Irvingitas de Inglaterra buscaron el don de hablar en lenguas. Sus iglesias tenían apóstoles, profetas y los que hablaron en lenguas. Los profetas dijeron que sus declaraciones eran "inspiradas." El movimiento formó la Iglesia Católica Apostólica con altares, vestimentas para sus ministros, extremaunción, transubstanciación, incienso, agua bendita y otras prácticas de la Iglesia Católica.

G. El Shakerismo, iniciado por Ann Lee Stanley (murió en 1784), practicaba los dones del Espíritu y parece tener raíces en los Camisares. Eran extremadamente fanáticos y demostrativos en el uso de sus dones. Rechazaban la trinidad, la resurrección corporal y el rescate por el pecado. No adoraron a Jesús. Creían que era posible comunicarse con el mundo espiritual, que todo el mundo tiene una segunda oportunidad de aceptar la salvación en la próxima vida, y que vivir sin pecado es una obligación. A veces bailaban desnudos. La meta del culto era experimentar una éxtasis donde se perdía control de sí saltando, bailando y expresando cosas ininteligibles. Exaltaron su propia "luz interior" más que la Biblia.

H. Juan Wesley (murió en 1791 d.C.) no reclamó ningún don especial, pero se lo ve como un "Padre" del movimiento pentecostal porque predicaba una segunda obra de gracia. En algunas de sus reuniones, las personas caían como muertas, murmurando cosas sin sentido. Tales experiencias no estaban limitadas a creyentes, más bien, eran comunes entre los incrédulos. Así que no son dones espirituales. No hay evidencia de hablar en lenguas en sus campañas.

I. Los Mormones (José Smith murió en 1844) creían y practicaban los dones del Espíritu, especialmente el de las lenguas.

IV. El siglo veinte (desde 1900 d.C.)

A. El Pentecostalismo Moderno fue iniciado por Carlos F. Parham en Topeka, Kansas, en 1900.

B. En 1905, Parham se mudó a Houston, Texas, donde conoció a William Seymour. Seymour se mudó a Los Angeles donde en 1906 comenzó el avivamiento de la Calle Azusa.

C. En 1901 la denominación de los Pencostales de la Fe Apostólica fue fundada, y en 1914 las Asembleas de Dios.

D. El Pentecostalismo creció rápidamente en todo el mundo por las iglesias del movimiento de Santidad debido a su similitud de doctrina: segunda obra de gracia, bautismo del Espíritu para el poder de crecer en santificación. Finney, Moody, Simpson, Keswick, y Chapman contribuyeron al desarrollo del Pentecostalismo por su énfasis en el bautismo de poder para la santificación.

E. El 3 de abril de 1960, el padre Dennis Bennett, rector de una iglesia Episcopal en Van Nuys, California, anunció que había hablado en lenguas. Este acontecimiento es señalado como el nacimiento del movimiento Neo-Pentecostal o Carismático, en el cual todas las denominaciones han participado o han sido afectadas. El interés actual de la Iglesia Católica Romana es el de seguir enfatizando la importancia del movimiento Neo-Pentecostal.

F. El Movimiento Pentecostal es ampliamente responsable del el interés del siglo XX por los "dones espirituales", que a menudo ha enfatizado las "lenguas" y la "sanidad" para menoscabo de los otros dones.

G. El tema general de los "Dones Espirituales" está captando rápidamente el interés de muchas iglesias y sus líderes. Muchos libros y artículos han estado apareciendo sobre este tema y han tenido influencia en la presentación de este material.

H. El hecho fundamental que está afectando el interés en los "Dones Espirituales" es la despersonalización de la sociedad secular y el deseo de la gente de conocer su dignidad y valor. En la iglesia local las preguntas son: ¿nos interesamos en la gente? y ¿son los "laicos" necesarios en el crecimiento y ministerio de la iglesia? La respuesta es: "¡Sí!"

V. El resumen histórico:

A. El uso de los dones espirituales disminuye cuando se reduce el papel del laico.

B. La falta de enseñanza bíblica en la Edad Media trajo como resultado un fracaso tanto en la comprensión como en el uso de los dones espirituales.

C. El fanatismo y la exhibición emocional en el uso de los dones espirituales han estado asociados a menudo con doctrinas falsas y sectas, y han desalentado a las iglesias en cuanto al hecho de identificarse con la necesidad y el uso de los dones espirituales.

D. Cuando el papel del clero avanza hacia la ejecución de los ministerios descritos por los dones espirituales, el uso de esos dones por parte de los laicos, como, también el deseo de usarlos, disminuye.

E. La comprensión y el uso de los dones espirituales prosperará bajo el aliento y enseñanza de los líderes de la iglesia. ¡La responsabilidad descansa sobre los hombros de ellos!

F. La exaltación de ciertos dones por encima de otros tiende a disminuir la importancia y uso de éstos, y produce en extremismo y falta de equilibrio en el ministerio de la iglesia local.

Sección II

Definición de los Dones del Espíritu

Un estudio de las definiciones
y síntomas de los dones

Introducción al estudio

En ninguna parte de la Biblia se definen los dones. Pero algunas frases clarifican el sentido de un don; y a veces son ilustrados en vidas de algunas personas. Otras veces el ministerio de un don es obligatorio para todos los creyentes. Algunos de los dones no son ni siquiera mencionados fuera de la lista de ellos. Obviamente, las definiciones requerirían interpretación y cierta amplitud para una variedad de opiniones.

Es justo sospechar que algunos dones no son permanentes ya que Pablo dijo que tres dones específicos cesarían: profecía, lenguas y ciencia. La cuestión para interpretar es, ¿cuándo? Si se puede establecer que aquellos dones tenían un propósito temporal en la formación de la iglesia, es posible que hubieran algunos otros dones que tampoco iban a ser permanentes para la iglesia: apóstol, sanidad, interpretación de lenguas, milagros. Algunos incluyen en este grupo de dones temporales los dones de Palabra de Sabiduría, Discernimiento de Espíritus y el don de Fe (si es para hacer milagros).

En el sentido más estricto, es obvio que hoy no hay apóstoles como Pedro y Pablo, con su autoridad y privilegios de revelación y poderes para la confirmación del mensaje de salvación (Heb. 2:3-4). Los que quieren insistir en la permanencia del don de apóstol se dividen en dos campos: (1) los que creen que no hay diferencia entre los "apóstoles" de hoy y los de la iglesia primitiva. Insisten en que los "misioneros" hoy tienen que manifestar las "señales (milagros) de un apóstol" (2 Cor. 12:12) y así tener la misma autoridad. (2) Otros distinguen entre el *oficio* y el *don* de apóstol . El oficio pertenecía exclusivamente a los 12 apóstoles más Pablo en el N.T., pero ellos insisten en que hoy el don de apóstol se manifiesta en la capacidad de ser efectivo como un misionero en otra cultura extendiendo la iglesia. Hay dos dones que se prestan a este tipo de interpretación: apóstol y profecía. El problema con esta posición es que la Biblia no indica tal distinción entre el don y el oficio. Sería conveniente, pero es una invención de la interpretación.

La palabra *"apostoloi"* incluyó a más de 13 en cuatro o cinco ocasiones. Ahora bien, nadie sugiere que los otros tenían la autoridad de los 13 originales, aunque aparentemente en el N.T. otros presumían la misma autoridad que Pablo. Pero ellos causaban división y conflictos en la iglesia primitiva (2 Cor. 11:13; Apoc. 2:2). Si no habían sido elegidos por Jesús personalmente no podían ser apóstoles.

Si todavía existe en la iglesia alguna capacidad de apóstol y profeta sería como "misionero" y "predicador", pero estas dos manifestaciones igualmente pueden ser explicadas con los dones de evangelista y pastor-maestro o exhortación.

Estudio de las definiciones de las palabras de los dones

Con estas reservas expresadas vamos a estudiar cada don en la forma siguiente:

(1) Un **Estudio del sentido de la palabra**—etimología y uso— dando varias interpretaciones.
    a. Las definiciones incluirán definiciones de la época de los escritos **Clásicos** (Homero, Sócrates, Sófocles, Demóstenes, etc.) o aproximadamente 800-400 a.C.
    b. Definición de la época cuando el Antiguo Testamento fue traducido en griego **(Septuaginta o LXX)** alrededor de 250 A.C.
    c. Definición de la época del **Nuevo Testamento** (50-100 d.C.).
    d. Algunas explicaciones adicionales

(2) Una **explicación del uso de la palabra en diferentes contextos** para ver el uso hoy en día.

(3) Algunos **síntomas de los dones** vigentes en el día de hoy que pueden ser deducidos del sentido de las palabras y las observaciones cotidianas de cómo los dones se practícan en el ministerio ahora. o insinuados por el texto. Este fase de la definición es la más subjetiva, o especulativa. Está incluida para apoyar la consideración de lo que Dios puede estar poniendo en su corazón y abrir su mente para el deseo de hacer Su voluntad (Fil. 2:13).

Con algunos dones va a sentir afinidad o atracción. Usted pensará, "Esto es lo que yo quiero hacer", o "Así soy yo". Debe anotarlos, porque puede que sean sus dones, los cuales deberá desarrollar y utilizar.

1. El don de apóstol

A. Definición:

1. El Estudio de la palabra:

Griego	Etimología	Traducción	Idea básica	Pasajes
apostolos	*apo*—"afuera" *stello*—"poner en orden"	*apóstol* (131x)	Alguien enviado para actuar por otro y con su autoridad. Es alguien comisionado.	Heb. 3:1 Lucas 6:13
		Mensajero, (puede ser un ángel)	Emisario, agente	Hch. 14:4, 14 Rom. 16:7 2 Cor. 8:23

2. En los escritos Clásicos la palabra significaba alguien enviado con todos los poderes y autoridad de la persona que le enviaba. Era un representante con una conexión íntima con el que le enviaba. El verbo es usado en sentido marítimo, con barcos de carga. Es usado con un comando de marineros enviados a otros países. Así que tenía dos conceptos: (1) Una comisión; (2) enviado al exterior.

3. Es usado 700 veces como verbo en la LXX, para decir *salah*, "enviar con propósito, con autorización." El verbo *pempo* (5 veces) es usado para indicar meramente "enviar". Inclusive, ¡un *saliah* podía tomar el lugar del novio en una boda! Pero el término está limitado normalmente a un solo propósito (ej. llevar la ofrenda de la sinagoga a Jerusalén), no a un oficio continuo o permanente.

4. En el N.T., es usado como verbo 131 veces (119 en los evangelios y Hechos). Como sustantivo, aparece 76 veces, principalmente en los escritos de Lucas (62 veces). Con dos excepciones, en los escritos de Lucas se refiere a los doce.

B. Explicación

1. Lo que aprendemos de los escritos de Pablo: (1) Es una comisión para toda la vida recibida directamente del Señor (1 Cor. 15:7, 8; Gá 1:16-17); (2) Es la responsabilidad para ir a los Gentiles (Ro. 11:13; Ga. 2:8), originalmente de a dos (Ga. 2:1, 9; Mr. 6:7; Hch. 15:36-40) con señales especiales (Rom. 15:19; 2 Cor. 12:12), para predicar, no bautizar (1 Cor. 1:17); (3) Una parte inevitable es que era para sufrir (1 Co. 4:9-13; 15:30; 2 Co. 4:7-12); (4) No tenía una posición especial (1 Co. 4:16; Fil. 3:17) más que otros miembros de la iglesia (1 Co.12:25-28; Ef. 4:11), sino para cumplir funciones especiales en la iglesia; (5) Pablo puso en claro que él fue el último de los apóstoles que vio al Señor (1 Co. 15:8), así que es imposible que hayan más apóstoles llamados por el Señor como los doce y Pablo.

2. En latín se traduce *apóstol* como "misio", de lo cual tenemos la palabra "misionero." Algunos quieren insistir en la diferencia entre el *DON* y el *OFICIO*. Pero sin lugar a dudas el **oficio** de apóstol terminó con los Doce y Pablo, pues ellos tenían el ministerio de ser testigos de la resurrección, poner doctrinalmente el fundamento de la iglesia (Ef. 2:20) y confirmar su autoridad con milagros (Marcos 16:9-20; Heb. 2:3-4).

3. La cuestión es si el **don** continúa en la iglesia como el *don de misionero*. El argumento para esta interpretación se basa en el número de personas incluidas bajo el título "apóstol" que se extiende más allá de los trece mencionados. Cuando algunos acompañaban a un apóstol, el grupo era llamado "apóstoles":

   a. "Pablo y Bernabé": Hechos 14:4, 14; sin embargo, jamás Bernabé fue llamado "apóstol" independientemente.

   b. Silvano y Timoteo: Compare 1 Tes. 1:1 con 2:6, ambos fueron llamados por Pablo para acompañarle. en su misión apostólica. De vez en cuando Pablo delegaba su autoridad apostólica a ellos, pero no tomaban posiciones permanentes, sino temporales, hasta que cumplían el propósito de Pablo. Ellos aparentemente no podían transferir su autoridad a otros.

   c. Santiago (Ga. 1:19): la excepción "sino" puede indicar que fue un apóstol o no. No es algo claro.

   d. La declaración de Pablo, refiriéndose a Andrónico y Junias que eran "muy estimados entre (*en*) los apóstoles" es ambigüa también. Puede significar que ellos estaban incluidos entre los apóstoles (dudoso) o que los apóstoles les respetaban (más probable).

   e. El término **apóstoles de las iglesias** es distinto de los *apóstoles de Jesús.* El término anterior se refiere a Tito en 2 Corintios 8:23 y a Epafrodito en Filipenses 2:25. Es posible que el término se refiera a una persona enviada de una iglesia para un propósito específico (llevar fondos de la iglesia a Jerusalén) o un ministerio que la iglesia quería cumplir (servir a Pablo). En el caso de Tito y otros, fueron enviados por Pablo con autoridad apostólica, pero ésto no indica que eran apóstoles, sino que podían actuar con la autoridad de un apóstol.

4. Alguien con el don de apóstol poseía muchos o posiblemente la mayoría de los dones espirituales: dones de señales de sanidad (Hechos 5:12-16), milagros (Hechos 13:8-11), profecía (Hechos 27:25), y lenguas (Hechos 2:4; 1 Cor. 14:18). Todos fueron dados como comprobación de su apostolado (2 Cor. 12:12). Puesto que ellos fueron los instrumentos que Dios utilizó para la revelación del Nuevo Testamento, probablemente tenían los dones de sabiduría y ciencia (1 Co. 2:7, 10, 13; 2 Ped. 3:15-16), y como oradores de la nueva revelación tenían el don de profecía (Apoc. 1:1-3).

   * Con todo esto, aun los apóstoles no eran infalibles en su oratoria y acciones. Solamente cuando estaban escribiendo la revelación de Dios bajo Su inspiración produjeron algo infalible: la Palabra inspirada. Nota: los autores no fueron inspirados, sino sus escritos.

5. ¿Cómo se lleva a cabo la obra "misionera" hoy? Los dones de evangelismo, exhortación, pastor-maestro, y maestro son más que adecuados para realizar la obra con la autoridad de las Escrituras apostólicas entregadas a la iglesia en el primer siglo. Ahora esta misma Palabra está proclamada en el poder del evangelio (Rom. 1:16) y los testigo voluntarios, los hacedores de discípulos y los maestros que siguen el ejemplo de los apóstoles comenzando iglesisas en cada rincón del mundo.

2. El don de profecía

A. DEFINICION.

1. El estudio de la palabra:

Griego	Etimología	Traducción	Idea básica	Pasajes
propheteuo	*pro*—"delante de", "antes de" *phemi*-"decir, proclamar"	*profetiza*	Predice el futuro, abierta y públicamente; proclama la Palabra de Dios dada por el Espíritu. Siempre resulta en exhortación, edificación y consuelo de los hermanos.	Hechos 21:9-11; 11:27-30; Tito 1:12; 1 Cor 14:3-4; Hechos 15:32

2. En los escritos Clásicos, no tiene el sentido de predicción hasta más adelante. Así que no expresa la idea básica de la etimología de la palabra. La idea más básica de la palabra define a uno que proclama públicamente la voluntad o palabra de otro.

3. En el Antiguo Testamento, el profeta, *nabi* (significa "llamar o proclamar."), era un predicador. Como sustantivo aparece 309 veces en el A.T. (¡92 veces en Jeremías!). Varias personas fueron llamadas profetas (Abraham - Gn. 20:7; Moisés-Dt. 34:10; Aarón -Ex. 7:1;David-Neh. 12:24, 36). El uso sugiere una relación íntima con Dios de tal manera que Dios le hablaba directamente. Así que el profeta proclamaba la Palabra de Dios que recibía por revelación para advertir, exhortar, consolar, enseñar y aconsejar.

4. En el N.T., la palabra aparece 144 veces, y como verbo se usa 28. El sentido básico es proclamar la revelación divina (Mateo 7:22) con el resultado de consuelo, exhortación y enseñanza (1 Cor. 14:3, 31). En el N.T., el término de "falso profeta" no indica que sus predicciones no se realizaron, sino que la doctrina que proclamaba no concordaba con la de los Apóstoles. Los creyentes que eran *profetas* en la iglesia primitiva participaban de los cultos (1 Co. 14:24), eran obligados a hacer sus proclamaciones en palabras entendibles (1 Cor. 12:1; 14:15, 23) y a hablar por turno (1 Cor. 14:30-31). Un profeta genuino nunca perdía el control de sí (1 Cor. 14:32), sino que era sumiso al orden y a la paz (14:33)

   a. El profeta formaba parte del "fundamento" de la iglesia (Ef. 2:20); se sugiere que el don de profecía iba a terminar al cumplirse la revelación de la fundación de la Iglesia.
   b. Así que el profeta era el receptor y proclamador de la revelación de Dios.

5. El don de profecía en el N.T. tiene menos énfasis en la predicción de eventos que la profecía del A.T. Pero aunque en menor escala, todavía estaba presente (Hechos 11:27-28; 21:10-11; Apoc. 1:3). Hay una relación entre el don de profecía y el don de fe. Por medio de la profecía la predicción es anunciada y por medio de la fe se confía en el cumplimiento de la profecía (Hechos 27:34, 44). La culminación de la profecía declarada en Apoc. 22:18 sugiere fuertemente que la predicción de profecía terminó con la conclusión del libro de Apocalipsis.

6. Después del primer siglo, el énfasis en la continuación del don de profecía abrió la puerta para la secta "Montanismo", nombrada por su fundador, Montanus. El dijo que era el profeta de Dios y sus seguidores eran "espirituales". A pesar de algunas buenas ideas, ellos fueron expulsados de la iglesia por sus excesos y falsas doctrinas.

B. Explicación

1. Otra vez algunos quieren hacer una distinción entre el don y el oficio. La idea es que el oficio fue algo practicado en el N.T. y terminó, pero como don de proclamación continúa en la iglesia. Es evidente que los profetas existían en la iglesia primitiva revelando la Palabra "en parte" hasta que toda la Palabra de Dios para la Iglesia fuera revelada (1 Cor. 13: 9-10).

2. El profeta no decidió lo que él quiso decir, sino que fue dependiente de la revelación de Dios en el momento. No hubo estudio, ni preparación, porque el mensaje fue revelado sobrenatural-mente (1 Cor. 14:30). Aunque algunos dirían que su predicación espontánea es la misma cosa, mezclar una interpretación o impresión dada por el Espíritu como revelación de la Palabra de Dios puede ser engañoso y lleva a múltiples errores.

3. La función de la profecía en la iglesia primitiva fue reemplazada por el ministerio del don de evangelismo, maestro y exhortación en las congregaciones. La prioridad del don en 1 Cor. 14 no es el don en sí, sino la realización del ministerio que cumple el don: "edificación, exhortación, consolación" (14:3) y evangelismo (14:24-25). Estas funciones se pueden llevar a cabo con otros dones ahora (ejemplo: enseñanza, exhortación, consuelo, etc.) que se debe priorizar en las iglesias.

3. Evangelismo

A. Definición:

1. El estudio de la palabra:

Griego	Etimología	Traducción	Idea básica	Pasajes
euangelistizo	*eu*—"buen" *angello*— "proclamar"	evangelizar anunciar predicar	anunciar buenas nuevas; llevar noticias que producen regocijo.	Hch. 5:42; 8:4, 12, 25 8:35, 40
euangelion	*eu*—buen *angelos*—" mensajero"	evangelista	El que evangeliza	Hch. 15:7 Gal 3:8

2. En los escritos Clásicos, se usó para el mensajero que llevaba el mensaje de victoria, o noticas políticas o personales que causaban regocijo. La persona que recibía tal mensaje salía inmediatemente para ofrecer su sacrificio de gratitud a su dios por motivo de su gozo.

3. En el A.T. (LXX), se usó para traducir bissar, "anunciar, publicar" el cumplimiento de la profecía de la victoria universal del reino de Dios (Is. 52:7). La proclamación del reino de Dios es anunciada con gozo (Is.40:9; Salmos 96:2)

4. En el N.T., como sustantivo, la palabra aparece 60 veces en los escritos de Pablo. Como verbo significa la proclamación de la salvación por gracia para personas que no la merecen con el resultado de que la aceptan. El término "evangelista" es muy raro en literatura no-cristiana, pero común en literatura cristiana primitiva. El N.T. refiere a Felipe (Hechos 21:8) como un evangelista y a los evangelistas que Dios da a las iglesias (Ef. 4:11). En 2 Tim. 4:5 somos exhortados a hacer obra de evangelista.

B. Explicación

1. El contenido del evangelio en sí tiene poder: trae salvación (Ro. 1:16; 1 Cor 15:2), pero también juicio (Rom . 2:16); revela a Dios en Su justicia (Rom. 1:17); produce esperanza en los creyentes (Col. 1:5, 23), paz (Ef.2:17; 6:15). Produce nueva vida (1 P. 1:23-25), su poder reside en el hecho de ser la Palabra de Dios (1 Ped. 1:12). Es depositado con confianza en individuos (2 Tim. 1:10-11). El modelo del que lo proclama (Rom. 10:15) viene del A.T. (Is. 40:9; 52:7; Nah. 1:15). Produce nueva vida (1 P. 1:23-25), paz (Ef. 2:17; 6:15); se dirige a cualquier clase social, cultura, o raza (Ef. 3:1-9) y salvación (Ef. 1:13). ¿Quién no querría compartir un mensaje que produce tantas consecuencias?

2. Está relacionado con el don de apóstol, en el sentido de que el evangelista debe continuar la obra del apóstol (2 Tim. 4:5) o del misionero (Hechos 21:8).

3. Es la capacidad de presentar el evangelio con tal claridad que muchos responden aceptando al Señor.

a. Pasión por las almas.
  b. Proclamación entendible.
  c. Produce conversiones.

  (1) Eficaz en público:
    Pedro (Hechos 2:4, 5, 10), Felipe (Hechos 8:5-13, 40), Pablo (Hechos 16:25-33)
  (2) Eficaz en privado:
    Felipe (Hechos 8:26-39), Pablo (Hechos 16:25)

4. Es la capacidad de estimular y equipar a otros en el evangelismo (Ef. 4:11-12).

5. Algunos estiman que entre el 10-20% de las personas de la iglesia tiene el don de evangelismo, sin embargo, el mandato de testificar es para todos.

C. Síntomas

1. La capacidad de hablar delante de grupos o con personas con facilidad; con extranjeros o personas a las cuales casi no conoce.

2. La capacidad de persuadir o influenciar a otros.

3. Se siente pasión por ganar inconversos para Cristo.

4. Una capacidad de mencionar una verdad espiritual naturalmente en cualquier conversación, porque se siente que es oportuno.

5. Orar específicamente por los incrédulos por nombre, o por grupos grandes para que lleguen a Cristo.

6. La facilidad de hacer amistades con incrédulos, ganando su confianza.

4. Pastor-Maestro

A. Definición
1. El estudio de las palabras relacionadas:

Griego	Etimología	Traducción	Idea básica	Pasajes
presbutero	*presb*— "viejo"	"anciano"	Maduro, respetable, sabio	Hch. 20:17-28
episkopo	*epi*—sobre *skopos*—mirar	"obispo" Sobreveedor supervisor	Alguien responsable para el cuidado de la iglesia	1 Tim. 3:1-8
poimaino	*poimne*—rebaño,	"pastor, líder"	Cuidar, proteger, "apacentar", madurar	1 P. 5:1-11
prosistemi	*pro*—"delante de" *istemi*—"ponerse"	"Presidir, dirigir"	Estar al frente, dirigir, presidir, gobernar, conducir, iniciar	Ro. 12:8; 1 Tim. 3:4, 5, 12; 5:17
hegemon	"líder"	"Gobernar", "jefe de provincia"	El que provee, piensa, gobierna, dirige, planea, mantiene	Heb. 13:7, 17, 24; Hch. 23:24; 26:30
didaskalos	(Vea el próximo don)	maestro		Ef. 4:11

2. El don de pastor puede tener el oficio de Anciano, pero no necesariamente. Es posible tener el don de pastor, pero no cumplir los requisitos. En este caso se puede ejercitar el don fuera de la congregación.

3. Pastor es sinónimo con obispo y anciano en la estructura del liderazgo de la iglesia. En Hechos 20:17, 28 el "anciano" debe "apacentar" (pastorear) el rebaño como un "obispo." En Tito. 1: 5, 7, "ancianos" y "obispos" son usados indistintamente.

4. En los escritos Clásicos es usado metafóricamente como un líder, gobernador o comandante. La idea es alguien que cuida un rebaño de ovejas. Su devoción a su responsabilidad como cuidador de las ovejas es una imagen positiva del don.

5. En la LXX, Jehová es el único pastor del rebaño de Israel (Sal. 23; 28:9; 68:8; 74:1; 77:20; 78:52; Jer 23:2, 31:10) , pero luego fue usado como un título oficial del rey, como una expresión de honor (2 Sam. 5:2; 1 Crón 11:2; 2 Sam 24:17). Los profetas denunciaron a los "pastores" (líderes) de la nación (Jer. 2:8; 3:15; Isa 56:11). Cuando Ciro, rey de Persia, cuidó a Judá en cautiverio fue llamado "Mi pastor" por Jehová (Is. 44:28).

6. En el N.T. es alabada la devoción de un pastor (Jn. 10:3; Lc. 15:4). Los líderes son exhortados a no ser egoístas, sino siervos del rebaño supliendo sus necesidades (1 P. 5:3). Su responsabilidad es cuidar el bienestar del rebaño (1 P. 5:2-4; Hechos 20:28).

B. Explicación:

1. Es la capacidad de ejercer influencia sobre un grupo de tal manera que lo lleve a una meta o propósito.

2. El don produce la capacidad de ejercer influencia sobre otros con énfasis en tomar decisiones por el grupo, y con las responsabilidades principales de "apacentar" la iglesia, protegerla de errores y supervisar la grey; es la capacidad de guiar a otros por el ejemplo.

3. El don de Pastor también es un oficio. Para ejercitar el don oficialmente en la iglesia se debe cumplir con los requisitos mencionados en 1 Tim. 3 y Tito 1.

4. El aspecto de "maestro" se observa en la próxima sección.

C. Síntomas:

1. La gente lo busca a usted para tomar decisiones, o ser el líder (presidente de organizaciones, clubes, etc).

2. Parece que tiene influencia por lo que dice o hace. Otros lo escuchan.

3. Tiene la capacidad de mantener el orden y la disciplina en cualquier grupo.

4. Fácilmente ve los problemas de los grupos con los cuales usted se relaciona y acepta la responsabilidad de ayudarlos.

5. Está interesado en que lo cristianos asociados con Ud. crezcan en el conocimiento de Cristo y Su Palabra, en unidad, y tengan la voluntad de ser hacedores de la Palabra. Se preocupa.

6. Su influencia produce lealtad hacia a Ud., su manera de pensar y por lo que hace.

5. Maestro

A. Definición:

1. Estudio de las palabras asociadas.

Griego	Etimología	Traducción	Idea básica	Pasajes
didasko	*dek*—aceptar —extender la mano	maestro enseñanza	Alguien que enseña; Induce a alguien a aceptar algo. **INSTRUCCION**	Mt. 5-7; Jn 6:59; Hch 18:11; 1 Tim. 2:2
mathano	*math*— adaptarse	"aprender" "discipular"	Adaptar su pensamiento a la voluntad de otro. **ADQUISICION**	Mt.11:29; 28:19; Hch. 14:21
diermeneuo	*dia*—énfasis *hermeneuo*— "interpretar"	"interpretación" "traducción"	Hacer clara la verdad. **EXPLICACION**	Mt. 24:27; 1 Co. 12:3, 30
eksegeomai	*ek*—fuera *logizomai*— conversar	"Explicar, exponer"	Clarificar algo difícil. Interpretar la voluntad de Dios. **EXPOSICION**	Jn 1:18; Hch 10:8; Lc. 24:35
dialogizomai	*dia*—por *logizomai*— conversar	"pensar, razonar, opinar, discutir, considerar"	Algo descubierto a través del razonamiento lógico. **PERSUASION**	Hch 19:9, 10; Heb. 12:5

2. Es la capacidad de instruir, explicar, y presentar las verdades bíblicas de tal manera que los creyentes de la iglesia entiendan la Escritura e incorporen la verdad en su vida personal. La instrucción en las verdades de la fe fue una prioridad para Pablo (1 Co. 14:19) y tanto los apóstoles como los profetas estaban involucrados en la enseñanza constantemente (Hechos 18:11; 19:9-10; Col. 1:28; 1 Tim. 2:7; 2 Tim. 1:11). En las categorías de dones (1 Co. 12:28), la enseñanza está tercera en la lista luego del apóstol y el profeta.

3. En el N.T., la palabra *didasko* aparece 95 veces y significa enseñar o instruir. Jesús "enseñó" a los fariseos (Mr. 10:1; 12:14). El tenía el equilibrio en la enseñanza entre la interpretación de la verdad y su aplicación a la vida actual (Mr. 6:2, 34). Además tenía el concepto de evangelizar

enseñando (Mar. 1:15; Hechos 4:2, 18; 5:28, 42). Así que en la práctica hubo poca diferencia entre predicar y enseñar el evangelio (Hechos 18:11, 25, 28; 28:31). El mensaje fue comprobado a través de la enseñanza del A.T. (Hechos 1:1; 4:18; 5:12, 25, 28, 42; 11:26; 15:1, 35; 20:20).

4. Timoteo tenía que enseñar (1 Tim. 4:11; 6:2) y transmitir su enseñanza a otros "hombres fieles" (2 Tim. 2:2), un grupo restringido de hombres . Tal vez había un proceso para ser anciano o pastor porque tenía que ser *didaktikos*, "apto para la enseñanza" (1 Tim. 3:2, 2 Tim. 2:24). Esto implica una preparación si no hay evidencia del don de enseñanza.

5. Debe notarse que las mujeres estaban prohibidas de enseñar en la congregación (1 Tim. 2: 12)

6. En los Evangelios y en Hechos, el énfasis está en la enseñanza que obliga a una decisión con respecto a lo que Dios requiere. En las epístolas, la idea de enseñanza es mantener un cuerpo de doctrinas que debe ser dominado y preservado.

7. Parece que habían varios niveles de liderazgo en la iglesia primitiva: el apóstol y el profeta, cuando había, tenían la prioridad. Luego estaba el enseñador (1 Co. 12:28), y cuarto el evangelista. En la *Didache* (13:2), los líderes de las iglesias eran profetas y maestros.

8. La enseñanza no involucra una revelación especial, oral o escrita, sino la capacidad de comunicar la verdad ya revelada.

B. Explicación:

1. Hay cuatro conceptos en la definición del don de enseñanza:

   a. Una capacidad sobrenatural.
   b. Una comunicación clara.
   c. Una aplicación efectiva.
   d. Un entendimiento de la verdad.

2. Es uno de los dones más importantes, ya que aparece en tres de las cuatro listas de los dones (así como el de profecía). Las exhortaciones y predicaciones están basadas en enseñanzas.

3. Los resultados espirituales son la divulgación de la Palabra en el mundo (Hechos 19:9, 10) y el evangelismo (20:20; 21:28).

4. Debe ser una práctica general en el Cuerpo para Su madurez (Heb. 5:12). Cada creyente debe prepararse para ser un maestro.

5. La responsabilidad del maestro tiene sus riesgos (St. 3:1) en el uso de la lengua.

6. El propósito de la enseñanza es la madurez (Col. 1:28).

7. Los peligros principales son el ORGULLO por su conocimiento y el MENOSPRECIO hacia los demás por su incompetencia.

8. El ministerio de maestro normalmente está orientado hacia una congregación . La referencia a la enseñanza como una cualidad de un obispo (pastor) indica el área principal del uso del don (Ef. 4:11; 1 Tim. 3:2); pero algunos ancianos aparentemente no la tenían (1 Tim. 5:17).   Una gran parte de la responsabilidad de Timoteo era la enseñanza (1 Tim. 4:11; 6:2). Enseñar es lo que Jesús hacía en todo lugar.

C. Síntomas:

1. Comprende la verdad y tiene un impulso tremendo por comprender más, con el deseo de explicarlo a los demás.

2. Constantemente está acumulando conocimientos y tiene una disciplina para estudiar la Palabra a fondo.

3. No está satisfecho con las explicaciones inciertas, sino que quiere confirmar la veracidad de las ideas y los conceptos.

4. Normalmente sospecha de las ideas y los conceptos nuevos hasta que son probados con las Escrituras.

5. Organiza los detalles sistemática y gráficamente.

6. Verá que los individuos llegan a ser, cada uno, más como Cristo en carácter y madurez por medio de sus enseñanzas.

6. Exhortación

A. Definición:

1. El estudio de las palabras asociadas.

Griego	Etimología	Traducción	Idea básica	Pasajes
parakaleo	*para-* "a lado de" *-kaleo*, "llamar"	"exhortar, amonestar, consolar, animar."	Hablar directamente a alguien, rogar, animar, fortalecer.	1 Ts. 4:1; 5:14; 2 Ts. 3:12; 1 Tim 2:1; 6:2; He. 3:13; Ef 6:4
noutheteo	*nous-* "mente" *-tithemi*, "poner"	"impartir entendimiento, poner sobre el corazón"	Advertir, instruir, reiterar, corregir	Ro. 15:14; 1 Tes 5:12; 2 Tes 3:15; Col 3:16; Hch 20:31
paideuo	*pais-* "child"	"instrucción, entrenar, castigar, corregir, latigar"	Entrenar a niños que precisan dirección, enseñar y disciplinar	Hch 7:22; 22:3; 1 Co 11:32; 1 Ti 1:20; 2 Ti 2:25; He 12:6-10
elegcho	"expose"	"convencer, refutar, regañar"	Probar o examinar a algo, llevar a rechazo o vergüenza, exponer la culpa para motivar arrepentimiento.	Ef 5:11, 13; 2 Ti 4:2; Tit 1:9
dialegomai	*dia-* "por" *-lego*, "hablar"	"pensar, razonar, dar opinión, discutir, considerar"	Dirección de su pensamiento, discutir, pensar, resolver en la mente, vencer con persuación	Hch 17:2, 17; 18:4, 19; 19:8-9; 10; 20:7, 9; 24:12; He 12:5

2. La capacidad de animar a otros a actuar de acuerdo a la aplicación de verdades bíblicas, o de consolar a otros por la aplicación de las Escrituras a sus necesidades.

3. En el A.T. (LXX), la palabra *parakaleo* se usa para traducir el verbo hebreo *naham*, "ser conmovido a lástima, consolar" (Salmos 119:50; Gn. 37:35). Parte de la responsabilidad del profeta era consolar (Isa. 40:1). También tiene el sentido de animar y fortalecer (Deut. 3:28; Job 4:3) o guiar en un camino (Ex. 15:13). Es un término muy positivo como se ve en la frase "consolación de Israel" (Lc. 2:25), usada para expresar la esperanza del Mesías.

4. En el N.T., la palabra aparece109 veces con el sentido de "invitar" (Hch. 28:20), "pedir"(Lc 7:4; Mt. 8:5; Mc. 5:12), "rogar" (Mt 26:53), "exhortar" (1 Co. 14:3), "consolar o animar." Es la función principal de un profeta (Hch 15:32; 16:40) y debe ser el ministerio de todos los creyentes (Fil. 2:1). Timoteo fue enviado a exhortar a la iglesia (1 Ts. 3:2). La instrucción de como hacer la exhortación es "por nuestro Señor Jesucristo y por el amor del Espíritu" (Ro. 15:30), y ". . . por la mansedumbre y ternura de Cristo" (2 Co. 10:1). Fue necesario advertir a las personas a continuar fieles al Señor (Hch. 11:23), continuar en la fe (Hch. 14:22) y caminar dignamente (Ef. 4:1). En medio de tribulación y persecución se enfatiza el aspecto de la consolación (2 Co. 1:3-4; 7:4; 1 Ts. 3:7; Rom. 15:4; 2 Ts 2:16).

B. Explicación

1. El don puede manifestarse en varias formas. Algunos van a poder exhortar, amonestar o advertir a toda la congregación, motivándoles a actuar bíblicamente en sus vidas. Otros se van a sentir más cómodos ejercitando su don de aconsejamiento en grupos pequeños o con individuos.

2. Es la capacidad de acercarse a otra persona para ayudarle, fortalecerle en sus debilidades; de consolar a los perturbados, rectificar a los que yerran, y animar a los desanimados.

3. La persona con el don ha ganado mucho respeto, de tal manera que, aun en medio de problemas y aflicciones, las personas le escuchan con la mente y el corazón abiertos.

4. No necesariamente se manifiesta por gritar, o criticar todo error, sino por compasión hacia los demás, un interés sincero en ellos y simpatía, hablar a las personas con gracia hasta que vean cómo comportarse, o por cuál camino andar, o cómo recibir la consolación y la paz en medio de la aflicción.

5. Los que tienen el don de exhortación, son las personas de quienes se busca consejo y dirección.

6. Es un don que puede ser ejercitado en privado o en público.

7. Es un don que en cualquier asamblea muchos deben tener y usar.

8. El principal peligro es el orgullo que puede manifestarse así:

   a. Al acreditarse los resultados.
   b. Al tener una sensación de popularidad o importancia.
   c. Al usar a las personas para lograr los resultados.
   d. Al proyectarse a sí mismo como el líder de una situación.

C. Síntomas:

1. Generalmente hay una reacción fuerte (en pro o en contra) hacia la posición o declaraciones presentadas por él. Se expresa con mucha convicción.

2. Frecuentemente está dando consejos a otras personas sobre cómo hacer las cosas.

3. Tiene que compartir la Palabra con los demás cuando están en necesidad y ver que sean consolados.

4. Otros frecuentemente le confían sus problemas profundos porque sienten que los entiende y comprende.

5. A otros les agrada estar en su presencia porque sienten seguridad, espiritualidad, estabilidad y ánimo.

6. Le agrada compartir una verdad especial y práctica de la Biblia con otra persona.

7. No está satisfecho con la aceptación de un conocimiento superficial de la Verdad, sino que busca maneras en que los demás las puedan aplicar.

8. Le gusta compartir aspectos de su testimonio con otras personas porque sabe que Dios lo usará en las vidas de otros.

7. Palabra de Sabiduría

A. Definición:

1. El estudio de las palabras asociadas.

Griego	Etimología	Traducción	Idea básica	Pasajes
sophia		"sabiduría" "inteligencia"	diestro, intelectual Aplicar la Palabra a vidas	Hch. 6:3, 10; 7:22; 1 Co. 1:19-20; Ef. 1:8, 17; Stg. 1:5; 3:13; Pr. 2
synesis	"unión, enviar juntos"	"entendimiento" "ciencia"	Percepción de la situación	1 Co. 1:19; Ef. 3:4; 2 Tim. 2:7
phronesis		"entendimiento"	Dirigir su mente; astucia.	

2. En los escritos Clásicos, el sustantivo *sophia* significa un atributo, no una actividad (*synesis* es "razón"). Indica capacidad y conocimiento (ej. *sophia* de un carpintero) especialmente en áreas prácticas antes que teóricas. Para los estoicos, *sophia* es conocimiento actualizado. La conducta de un *sophos*, "sabio," es *sophia*.

3. En el A.T. (LXX) el término es usado para traducir palabras de la raíz *hkm*, como *hokmah*, "sabios" (Ex 28:3; 1 Reyes 2:6; Salmos 36:30; 89:12). Es usada para *binah*, "entendimiento" (Prov. 2:3; 3:5); *da'at*, "conocimiento" (Prov. 1:7, 29); *musar*, "castigo, disciplina, exhortación" (Prov. 8:33); *sekel*, "discernimiento, prudencia"(1 Crón 22:12). El término indica un conocimiento de especialista en un campo de acción como la artesanía (Ex. 36:1), la astucia económica (Prov. 8:18, 21), el arte de gobernar (Prov. 8:15), o la educación (1 Reyes 5:9-14). Es la capacidad de

dominar la vida (Prov. 8:32-36). Está relacionado con el "temor de Jehová" (Prov. 9:10; 1:7; 15:33; Salmos 111:10) como motivación para tomar decisiones sabias. Se ve como un don de Dios en el caso de Salomón (1 Reyes 3:5-14). Su sabiduría se manifestaba en decisiones justas (1 Reyes 3:16-28), mostrando que aquella no era meramente humana.

4. En el N.T., el término principalmente se encuentra en 1 Co. 1-3 (25 veces) más las referencias en las listas de dones. La cantidad de sabiduría es un regalo de la gracia de Dios (Ef. 1:8, 17; Col 1:9). Esta sabiduría tiene que ver con la forma de vivir (Col. 1:10; 4:5; Ef. 5:15); Santiago la identificó con un buen comportamiento de obras de bondad (Stg. 3:13). Con la aplicación de la sabiduría que el Señor nos ha dado, tenemos lo suficiente para tomar las decisiones relacionadas con "la vida y la piedad" (2 P. 1:3). Ahora es cuestión de conocer lo que está revelado.

5. Hay muchos que quieren entender la "palabra de sabiduría" como una comunicación directa entre Dios y el dotado, en la cual las verdades divinas, escondidas anteriormente, ahora son reveladas. Tales revelaciones de la voluntad de Dios fueron necesarias en los años posteriores a Pentecostés porque toda la sabiduría de Dios no había sido revelada. Además los actos de comunicación especial de Dios son llamados "sophia" (sabiduría) en Ro. 11:25-33; 1 Co. 2:6-7; Ef. 3:1-10. Así que debemos marcar una distinción entre la iluminación y la revelación de la sabiduría. La sabiduría práctica es prometida a cada creyente en la medida que uno va entendiendo la aplicación de la Palabra ya revelada (Ef. 1:8; Col. 1:9; Stg. 1:5; 3:13, 17), mientras que la "Palabra de Sabiduría" estuvo limitada a unos pocos en la Iglesia (1 Co. 12:14, 29-30) que produjeron las palabras que los demás necesitaban para entender la sabiduría práctica para sus vidas. Así que el don fue para la revelación de la Palabra y terminó, junto con el don de ciencia, cuando toda la Palabra fue revelada.

B. Explicación

1. La conexión de "misterio" que fue "escondido" (1 Co 2:7) indica que esta sabiduría es revelada por Dios directamente, no indirectamente a través de la Palabra revelada. Pedro hizo referencia a la "sabiduría" que Pablo había recibido que fue la base de la revelación que él recibió y después escribió por inspiración (2 P. 3:15). Esta sabiduría incluyó el destino final de Israel (Ro. 11:25) y la participación de judíos y gentiles en un solo cuerpo (Ef. 3:1-7).

2. Es la facultad especial de saber presentar la aplicación de la Palabra de Dios a la vida práctica, en una situación particular.

3. Hay tres aspectos:*

   a. Para estar delante de cortes antagónicas (Mt. 10:19-20): **cómo contestar.**
   b. Para responder a los argumentos de los incrédulos (1 P. 3:15): **cómo defenderse** contra el escepticismo, el existencialismo, y la irracionalidad.
   c. Para solucionar situaciones problemáticas (Stg. 1:5; 3:17): **cómo vivir en armonía**

4. La sabiduría se manifiesta al explicar la mente y el propósito de Dios para nuestros problemas y vidas.

5. La sabiduría de Dios está disponible para todos, pero hay que buscarla con mucho trabajo, escudriñando las Escrituras (Prov. 2) con diligencia para encontrarla.

* Estas son promesas para todos los creyentes; no para un grupo especialmente dotado con el don de sabiduría. Aunque es cierto que algunos van a sobresalir con su capacidad de descubrir la sabiduría revelada y aplicarla a la vida práctica.

C. Síntomas

1. Le agrada el estudio de la Palabra, principalmente con el propósito de hallar cosas prácticas para aplicar a la vida.
2. Le frustra oir sermones o estudios que no tienen metas concretas para aplicar en la vida directamente.
3. Las circunstancias de la vida le recuerdan porciones bíblicas, o principios bíblicos.
4. Solucionar problemas en conflictos personales e interpersonales (1 Cor. 6:5) es su delicia (Heb. 6:3).
5. Su vocación preferida sería ser consejero (si la manifestación del don es impactar individuos) o pastor = maestro (si la manifestación del don es impactar grupos). Dios va a crear un deseo en su corazón para usarlo como El quiere (Fil 3:12).
6. Las personas lo buscan para hallar soluciones a sus problemas o para tomar decisiones.

8. Palabra de Ciencia

A. Definición:

1. El estudio de las palabras asociadas.

Griego	Etimología	Traducción	Idea básica	Pasajes
gnoseos	*ginosko*—conocer	"ciencia"	notar, percibir,	1 Co. 8:1, 7; 12:8; Ro. 15:14
gnosis			medio de conocer, pensar, juzgar, opinar	Col. 2:3; Hch. 15:24; 16:24; Luc. 24:18

2. El sentido original (en los escritos Clásicos) fue conocer algo personalmente, entender lo que otros no podían, tener un discernimiento de la evidencia que no es obvio. Implica una relación tan íntima que el concepto de *conocer a otro* es usado para referirse a una relación sexual. Inclusive, es la raíz de la palabra latina *gignere*, "dar la luz". En el mundo helenístico, es decir griego, los gnósticos eran los que tenían el conocimiento de Dios y Su voluntad.

3. En el A.T. (LXX), *ginosko* era usado para traducir varios conceptos que los judíos veían como uno solo: *raah*, "ver" (Jue. 2:7), *hazah* "ver" (Is. 26:11), y *shama'* "oir" (Neh. 4:15). Varias palabras formadas de la raíz *yada* son traducidas por *gnoseos*. La palabra yada significa: 1) experimentar, observar (Ge. 3:7; 41:31; Is. 47:8), 2) conocer aprendiendo (Prov. 30:3); 3) una relación íntima con otra persona o cosas (Prov. 2:6; Ec 8:17); 4) conocer a la otra persona "cara a cara" (Deut. 34:10); 5) El conocimiento de Dios que se relaciona con los hechos de auto-revelación (¡"sabréis que yo soy Jehová" se menciona 54 veces en Ezequiel!).

4. En el N.T., *gnosis* aparece 29 veces (*ginosko*, 221 veces). El concepto del A.T. está implícito en el uso del N.T., especialmente porque la LXX fue prácticamente la Biblia en el tiempo de Jesús. Hay un sentido en que todos los creyentes han recibido "ciencia, conocimiento" de Dios, como lo declara 2 Co. 4:6. El conocimiento de Dios nos llega porque es revelado por Dios mismo. Así que el don de ciencia o conocimiento es el resultado de una revelación, o puede ser iluminación, de parte de Dios a través de Su Palabra. Parece que el conocimiento de la voluntad de Dios es tal como el don de profecía.

5. Este don no aparece en otros pasajes que lo ilustren, ni en ningún mandamiento. Llegamos a una definición del don por el estudio de la palabra misma.

6. Es una capacidad de entender, organizar e iluminar claramente los pensamientos de Dios, los cuales son imposibles de descubrir por medio del razonamiento meramente humano.

7. En 1 Cor 13:2, el don de "palabra de sabiduría" y el don de "palabra de ciencia" están relacionados: la profecía y la palabra de sabiduría revelan "misterios" y la palabra de ciencia revela la "ciencia" de Dios. Así que es probable que el don de ciencia fuera parte del don de apostolado. Por ejemplo la palabra de ciencia operó en forma reveladora como se menciona en 2 Pedro 3:1-3. Pues Pedro tomó escritos de profetas y apóstoles y los aplicó a su situación actual contra los "burladores" de su tiempo. De esta misma forma Judas escribió por inspiración los vv.17 y 18 de su epístola.

8. En un sentido general, cada creyente está obligado a crecer en el conocimiento de las Escrituras ya reveladas (2 P. 3:18). Este crecimiento será el resultado de un estudio diligente, en vez de por revelación. Cuando uno se compromete a estudiar con la intención de obedecer, el Espíritu se encarga de iluminar nuestra mente con las riquezas de Su Palabra.

B. Explicación

1. La ciencia, como un don, es útil para otros cuando existe comunicación. Parece ser un don muy relacionado con el don de enseñanza, pero tiene más autoridad.

2. En el principio es posible que haya sido un medio de recibir nueva revelación de la Palabra hasta que todo fuera revelado. Si es aplicable ahora, es el don de entendimiento de lo que previamente ha sido revelado. Este entendimiento es también sobrenatural (1 Co. 2:7-16), pero no es revelación.

3. Hoy, quienes poseen este don, son hombres que dedican sus vidas al estudio de las Escrituras, las lenguas originales, los problemas aparentes, y la defensa de la fe.

4. 1 Co. 13:8 se refiere a que "acabará la ciencia". Dios dijo que no continuaría revelando nueva ciencia una vez que la hubiera revelado toda. Hoy Dios no "revela" Su ciencia, sino "ilumina" al creyente para entender lo que ya ha sido revelado. El don de ciencia por revelación terminó, pero Dios sigue iluminado Su Palabra a los hombres dedicados a investigarla.

5. Posiblemente la "revelación" de 1 Co. 14:26 vino por el don de ciencia (¿?).

6. Fíjese en la importancia de la ciencia en el ministerio de Pablo, en Hechos 19:9, cuando estuvo "discutiendo cada día en la escuela de uno llamado Tiranno." Algunos manuscritos dicen, "desde la quinta hora hasta la décima hora." ¡Cinco horas cada día por dos años! son 3.650 horas de enseñanza de un apóstol! ¡Con razón logró hacer lo que dice el versículo 10!

7. Es imperativo que todos nosotros sigamos creciendo en ciencia (2 Pedro 3:18). Los hombres que tienen el liderazgo en la ciencia bíblica son dotados por Dios para ayudarnos. Vea 1 Co. 1:5; Col 1:9).

C. Síntomas

1. Tiene un deseo de aprender las lenguas originales para entender el sentido preciso de las Escrituras.

2. Posee una energía para estudiar largas horas en las lenguas originales, historia, arqueología y teología. El don no está necesariamente relacionado con la inteligencia, sino con la energía para estudiar y la capacidad de entender cosas complejas.

3. No acepta ideas, enseñanzas, ni prácticas hasta que hayan sido probadas en la Biblia.

9. Ayuda, Servicio

A. Definición:

1. El estudio de las palabras asociadas.

Griego	Etimología	Traducción	Idea básica	Pasajes
antilepsis	*anti*—en cambio *lambano*—tomar, agarrar, soportar	"ayuda"	Servir para ayudar; tomar el control para ayudar	1 Co. 12:28 (único uso)
diakonia	"servicio, esclavitud"	"ministerio, servicio, diacono"	Tomar el lugar del otro llevando su carga	Ro. 12:7; 15:31; 1 Co. 16:15
sunergos	*sun*—con *ergos*—labor	"colaborador"	Un ayudante en la labor	1 Co. 16:16; 2 Ti. 4:17; Ro 16:2
douleuo	"esclavo"	"servir"	Obedecer a su jefe; servir como esclavo a su amo	Hch. 20:19; Co. 12:11; 14:18; Ef. 6:7; Col 3:24

2. Es alguien dispuesto a involucrarse en las necesidades de otros para ayudarles, para asistir a otros en la obra. Es usado especialmente para ayudar a los débiles y necesitados (1 Tes. 5:14).

3. Es una capacidad para satisfacer las necesidades de otros, no de una forma egoísta, sino con ayudas prácticas - servicios tales como domésticos, serviles, o de poca notoriedad.

4. El don se llama de "ayudas" por 1 Co. 12:28; "servicio" en Ro. 12:7. Todos los dones son "servicios" o "ministerios" (diaconía), pero en forma especial este don es más práctico. El ejemplo se encuentra en Hechos 6:1-3, donde ayudó a los apóstoles a aliviarse de responsabilidades que les distraían de su primera responsabilidad.

5. Personas que tenían este don fueron Epafrodito (Fil. 2:25-30, Onésiforo (2 Tim. 1:16-18), Onésimo (Flm. 10-13).

B. Explicación

1. Para cumplir servicios prácticos en la iglesia y ayudar a miembros con necesidades (Hch. 20:35; 1 Co. 16:15-16).

2. Una persona con este don no busca fama, ni quiere que se le reconozca en público, pero es indispensable en la iglesia.

3. Se ocupa de arreglar, limpiar, preparar comidas, reparar, o en cualquiera cosa que se presente en la iglesia. (Nótese lo opuesto en Marta: Lucas 11:40).

4. La ayuda puede ser espiritual (en 2 Cor. 1:11, "cooperando" es la palabra "ayudando"), como en la oración.

5. Probablemente la hospitalidad es otro aspecto del don de ayuda (Ro. 12:13; Heb. 13:1).

6. La manifestación de "la ayuda" está directamente relacionada con expresiones de amor (1 Co. 12:31-13:13). La naturaleza de "la ayuda" no tiene el reconocimiento público de algunos dones. Así que solamente cuando el amor abunda existe la motivación de expresar el don de ayuda.

7. Como muchos dones, la responsabilidad de "ayudar" el uno al otro es la responbalidad de todos. Los que poseen el don de servicio no deben ser los únicos que presten ayuda, sino los ejemplos para "equipar" o enseñar a todos a cómo ayudar.

C. Síntomas

1. Un deseo de ayudar a otros de cualquier forma.

2. Una capacidad de ver muchas formas de ayudar a otros, espiritual, temporal o físicamente.

3. Una naturaleza no egoísta a la que agrada hacer cualquier tarea - servil o doméstica - para ayudar a otros.

4. Le agrada más el servicio práctico que el servicio teórico o conceptual.

5. Tiene voluntad para hacer trabajos pequeños sin querer recibir reconocimiento, solamente por el gozo de hacerlos, y por saber que ayuda a alguien.

6. En la iglesia, muestra voluntad de hacer trabajos que liberan a las personas con dones de liderazgo de las cargas temporales, lo cual permite a los líderes hacer avanzar la causa de Cristo.

10. Repartir, Dar

A. Definición:

1. El estudio de las palabras asociadas.

Griego	Etimología	Traducción	Idea básica	Pasajes
metadidomi	*meta*—con *didomi*—dar presentar"	"dar, compartir"	Compartir con otros	Ro. 1:11; 12:8; Ef. 4:28
apodidomi	apo -- "devuelve"	"restaurar, de-volver"	Dar con la idea de una devolución	Mt. 5:26; 1 Tim. 5:4; 2 Tim. 4:8; He 13:17
doreomai	doron - "regalo"	"gratis, regalo, sin pago o merecerlo"	Un regalo que ha sido dado, a veces en un sentido legal	Hch. 11:17; Ro. 3:24; Ef. 3:7

2. En los escritos Clásicos la palabra *metadidomi* tiene la idea de compartir para las necesidades de otros; es tomar las carencias de otros como algo personal. La palabra *doreomai* enfatiza la gracia del acto de recibir, algo que no se merece.

3. En el A.T. (LXX), *didomi* se usa para traducir la palabra hebrea *natan*, "dar": 1) a otros hombres (Prov 4:2); 2) de hombres a Dios (Lev. 7:15); 3) de Dios al hombre (Gn. 30:20).

4. En el N.T., la palabra *didomi* se usa 416 veces. El ejemplo en el N.T. es Dios mismo. El amor de Dios se manifiesta en dar. Dios dio a Su Hijo (Jn. 3:16); el Hijo se dio a Sí Mismo (Jn. 4:10; Gá. 1:4; 1 Tim. 2:6). La respuesta del creyente debe darse a Dios, siguiendo Su ejemplo (Ro. 12:1; 2 Co. 8:5). Una vez que ha dado todo su ser a Dios, puede aprender a dar de sus recursos para la obra de Dios.

5. Dar es la capacidad de compartir con liberalidad para suplir las necesidades de otros. Las motivaciones son importantes en el dar. Este don se manifiesta por la generosidad.

B. Explicación

1. El poseedor del don de repartir tiene la capacidad de dar de sus posesiones personales para la obra del Señor, de una forma constante y libre, con un sentido de sacrificio y tanta alegría, que los demás son animados y bendecidos.

2. Según 2 Co. 8:2, el don de repartir no está limitado a los ricos.

3. Así como en el A.T., el repartir incluía mucho más que un diezmo, pues (había tres diezmos

en la ley). Además, la Palabra enseña que se debe dar al Señor proporcionalmente a lo que se recibe. Es decir, que si gana poco su porcentaje sería menor; si gana más, el porcentaje debería ser mayor. El don se hace evidente por la generosidad y alegría con la que se da.

4. Algunos alcanzan a repartir entre el 30-50% de su sueldo. Otros ricos que dedican su vida y posesiones al Señor llegan a repartir entre 80-90% de sus ingresos (2 Co. 9:7)

5. Es un don que es necesario cultivar. No viene naturalmente. No hay ningún hecho en la vida cristiana que sea tan contrario a la naturaleza humana, tal como el repartir generosamente.

6. El uso es para:

    a. Suplir las necesidades de otros miembros de la iglesia (Ef. 4:28; Gá. 6:10)
    b. Suplir las necesidades de otras iglesias (2 Co. 8-9; Ro. 15:25-26).
    c. Suplir las necesidades de los líderes espirituales que trabajan a tiempo completo (Fil.4:10; Gá. 6:9; 1 Co. 9:1-11; 1 Tim. 6:16).

C. Síntomas

1. Sensibilidad para reconocer las necesidades físicas de otros.

2. Rápidez para asumir la carga de ayudar a otros.

3. Una convicción profunda de que todas sus posesiones son de Dios y que él es tan sólo un mayordomo que quiere ser distribuidor de los bienes de Dios.

4. La capacidad de ampliar sus finanzas, para que puedan ser usadas por Dios, con el propósito de aumentar la distribución de Sus fondos.

5. La capacidad de cuidar el manejo de sus finanzas, con la tendencia de retener para sí solamente lo que necesita.

6. Su delicia y gozo en la vida es repartir a otros, y ver que su provisión fue lo que su hermano necesitaba o que su ayuda hará avanzar el evangelio por haber repartido.

11. Gobernar, Presidir, Administrar

A. Definición:

1. El estudio de las palabras asociadas.

Griego	Etimología	Traducción	Idea básica	Pasajes
kubernesis	*kubernao*-- timonear	"administración, guiar, gobernar"	Un líder, posición de liderazgo. El que dirige algo hacia una meta	1 Co. 12:28
kubethnetes	timonero	"capitán, piloto, "estar encargado"	El que tiene la autoridad y toma la dirección de un barco u organización	Hch. 27:11; Apo.18:17
proistemi	*pro*—delante -*istemi*— pararse	"presidir" "gobernar"	El que tiene la dirección, es la cabeza de algo, administra, dirige	Ro. 12:8; 1 Tes. 5:12; 1 ti 3:4, 5; 5:17
hegeomai	príncipe, jefe, juez, líder, pastor	"gobernador, tiene autoridad"	El que manda, que tiene autoridad	Mt 2:6; Hch. 7:10; 15:22; He. 13:7, 17, 24

2. En el A.T. (LXX), *kubernesis* se usa en relación a la sabiduría. En Proverbios 12:5 es traducido "consejos". En Ezequiel 27:8 es usada para la palabra "pilotos."

3. Es el piloto de un barco que marca la dirección y tiene la responsabilidad de mantener el rumbo (Hechos 27:11); por tanto es alguien que mantiene una iglesia en la dirección bíblica.

4. Es la capacidad de organizar y administrar con tanta eficacia y espiritualidad que el proyecto se realiza satisfactoriamente, pero también es hecho en armonía y trae bendición evidente a todos.

5. Los dones de "presidir" (Ro. 12:8) y "administrar" (1 Co. 12:28) son muy parecidos. Se puede hacer más diferencia en el sentido de las palabras castellanas que el de las palabras griegas. El que está al frente de una organización o iglesia debe tener algo de este don. La palabra griega, kubethnetes, está relacionada con la palabra "cibernética," la ciencia de la relación entre el cerebro y su control del cuerpo. Es necesario que los líderes manifiesten este don (1 Tim. 5:17, "gobiernan" es la palabra, *proestotes*,). Es la capacidad de tomar decisiones, controlar a otros o situaciones y tomar la iniciativa.

B. Explicación

1. **Lo que no es**: la tendencia natural de dominar una situación para cumplir su objetivo. El don

del Espíritu nunca es demagógico, ni dictatorial (1 Pedro 5:3). Este tipo de liderazgo está prohibido en Marcos 10: 42-44. El testimonio de Diótrefes (3 Juan) resulta de haber permitido a un líder dogmático dirigir la iglesia.

2. **Lo que es**: el liderazgo cristiano se expresa en sabiduría, ejemplo espiritual, humildad y en satisfacer las necesidades de los que están bajo su autoridad. Esta es la razón para estimar y respetar a los pastores en 1 Tes. 5:12-13; no es solamente por su oficio como pastor, sino por su carácter y ministerio. Es la capacidad de reconocer los dones y ministerios de otros, luego organizarlos de una forma eficiente para eliminar la superposición de esfuerzos, la confusión que provoca el que haya personas que intenten hacer cosas para las cuales no están preparadas, y aprovechar al máximo los esfuerzos de los miembros a fin de alcanzar los propósitos de Dios.

3. Los requisitos para el liderazgo (1 Tim. 3:1-7; Tito 1:5-9) son necesarios para tomar una posición u oficio en una iglesia. Como un hombre "gobierna" su familia, así gobernará su iglesia. ¡Esto indica que el "pastor" o "anciano" debe tener la misma autoridad en la iglesia que la de un padre en una familia!

4. Este don es evidente primeramente en el hogar (1 Tim. 3:4-5). Si no puede resolver los problemas en su casa, mucho menos podrá resolver los problemas de la iglesia.

5. Es la capacidad para dirigir los detalles del funcionamiento de la iglesia para que todo marche bien, coordinado y a tiempo.

6. Parece que el don es auxiliar. No es necesariamente el don del Pastor. En realidad, este don permite que los pastores puedan concentrarse en el ministerio de la Palabra (Hch. 6:1-4) y debe ser considerado como una forma de servir en la función de pastor o anciano (1 Tim. 5:17).

7. Pablo insistía en que todas las cosas fueran hechas decentemente y en orden, 1 Co. 14:33, 40; ésto indica la importancia del don en la iglesia.

8. Algunas surgerencias del don de 1 Co. 12:28 acerca de este don.

   a. Tiene menos autoridad que un apóstol, profeta o maestro.
   b. Aunque tiene algo de reconocimiento, no es igual al de los dones de hablar o de señales.
   c. Puesto que gran parte de su labor no está delante del público es una labor de amor, como el de ayuda.
   d. Seguir organizando aunque no reciba una palabra de reconocimiento por su servicio arduo, requiere un alto grado de devoción al Señor y a los miembros del cuerpo.
   e. Significa continuar a pesar de que sus sentimientos son heridos por alguna decisión del liderazgo.

C. Síntomas

1. Tiene una tendencia a organizar cosas con facilidad.

2. Se siente incómodo cuando una organización no funciona perfectamente, cuando un líder no delegó autoridad o no explicó todos los aspectos de un proyecto dejando algo sin cumplir.

3. Le gusta inventar métodos o normas en todo lo que se empeña.

4. Piensa en términos de cómo ayudar a otros a alcanzar sus metas.

5. Le agrada hacer cosas para ayudar a otros a ser más eficaces.

6. No le molesta tomar responsabilidades y encargarse de detalles, aun cuando los planes sean iniciados por otros.

12. Misericordia

A. Definición:

1. El estudio de las palabras asociadas.

Griego	Etimología	Traducción	Idea básica	Pasajes
eleos	*eleos*— compasión, lástima	"misericordia, lástima, compasión"	Una motivación de lástima al ver a alguien afligido	Ro. 12:8 Mt. 23:23
eleemosune	*ele*— misericordia	"limosna"	Un hecho de bondad motivado por compasión	Mt. 6:1-4 Hch. 9:36

2. El don refiere a la capacidad de sentir compasión por los que están en necesidad (especialmente por los que no merecen ayuda o por los que nadie se interesa) y manifestar esta compasión en formas prácticas con una actitud tan alegre que anima a los que están en necesidad (Hechos 9:36).

3. En los escritos Clásicos, *eleos* es una emoción producida al tener contacto con un afligido que no merecía su aflicción. Es lo inverso al sentimiento de envidia por la buena fortuna de otro, pues es principalmente sentimiento de lástima hacia alguien menos afortunado.

4. En el A.T. (LXX) se usa casi 400 veces, principalmente por *hased,* "amor leal". El concepto cambia en relación de los escritos Clásicos. Ahora el sentido es más judicial o legal. *Hased* es un comportamiento basado en un pacto; es la responsabilidad o lealtad de una persona a otra de demostrar bondad, lástima o gracia.

5. En el N.T. es usado 78 veces. En los evangelios los necesitados clamaban por "misericordia", pidiendo sanidad de parte de Jesús (Mr. 10:47, 48). La misericordia del hombre hacia el hombre (Mt. 5:7; 18:33) surge del ejemplo de la misericordia de Dios. La misericordia de la salvación por gracia es una motivación para una acción similar (Ef. 2:4-10; 2 Co. 4:1; Ro. 12:1;

Sant. 3:17).

B. Explicación

1. El don de misericordia se manifiesta en compasión, entendimiento, paciencia y sensibilidad hacia los necesitados.

2. El don de misericordia motiva a una entrega alegre y voluntaria de sí mismo, de su tiempo, su privacidad, sus recursos, etc. para beneficiar a los necesitados. Su recompensa es una satisfacción imposible de explicar.

3. Hay tres aspectos descriptivos del don de misericordia:

   a. Siente compasión.
   b. Provoca a una acción de socorro.
   c. Produce gozo.

4. La Misericordia debe ser una expresión de bondad o benignidad en todo creyente (fruto del Espíritu), pero el don de misericordia es el área de la dedicación de una vida. El fruto del Espíritu manifiesta misericordia cuando la oportunidad se presenta, pero el don de misericordia vive buscando la oportunidad para manifestar la misericordia de Cristo.

5. Es una expresión práctica del amor de Dios hacia personas en necesidades, para animarlas y para preparar los corazones de los incrédulos para escuchar el evangelio.

6. Es la respuesta de la iglesia para los problemas en la sociedad. Puede ser el testimonio más reconocido en el mundo para mostrar la fe en Cristo en una forma concreta.

7. El don está dirigido hacia el creyente en angustia, pena, dolor, al desechado, deprimido, perdido, pobre, que no es amado, a los inválidos, a los que tienen hambre o a los adictos a la (droga y alcohol).

C. Síntomas

1. Llora fácilmente cuando oye o ve cosas tristes; Está emocionalmente involucrado.

2. Muchas personas piensan que tiene una personalidad que siente las emociones de la otra persona.

3. Quiere alcanzar y ayudar a las personas que están en miseria.

4. Es muy sensible a las heridas de otras personas.

5. Tiene un deseo de expresar su amor (o el amor de Cristo) a los desamparados y marginales.

6. A las personas en necesidades les agrada tenerlo en su presencia porque los alegra y les da consuelo.

7. No siente repulsión al ver gente pobre, sino que normalmente piensa: "¿Cómo puedo ayudarlos?"

13. Fe

A. Definición:

1. El estudio de las palabras asociadas.

Griego	Etimología	Traducción	Idea básica	Pasajes
pistis	*pist*—confianza	"fe"	confianza en algo o alguien	1 Co. 12:9 1 Co. 13:2
apistia	*a*—sin, no *-pist*, trust	"incrédulo"	No tiene confianza en nada	Mt. 17:17 Apo. 20:8
peitho	*peit*—confianza (la misma raíz como *pistos*)	"convencer, persuadir"	Confianza en algo	Mt 27:20 27:43; Mr. 10:24; He. 13:17
peitharcheo	*peit*—confianza *archeo*—reinar	"obedecer"	Su confianza controla sus acciones en obediencia	Hch 5:29; Tit 3:1
apeithes	*a*—"no, sin" *-peit*—"confianza"	"desobediencia"	Falta de confianza causa desobediencia	Ro. 11:32 Heb. 4:6

2. En los escritos Clásicos, *pisteuo* significaba confianza en alguien o algo; como sustantivo, *pistos* significaba una fidelidad entre personas ligadas por medio de un pacto. *Pistoo* es un compromiso de ser fiel. La palabra *peithos* enfatiza la firmeza o persuación de la confianza de la fe.

3. En el A.T. (LXX), el concepto de "fe" traduce la palabra *'aman*, "ser fiel, confiable, veraz." Es confianza en un hecho inalterable e indudable que todas las generaciones venideras tendrían que aceptar (Is. 7:9). En el hebreo no hay una palabra para "persuadir, o convencer," Así que *peitho* no se usa, pero si *pisteuo*, aunque ambas tienen la misma raíz. La negación (*apeitheo*, "desobediente") es común (Deut. 1:26; Isa 3:8).

4. En el N.T. *pistis* demanda una confianza plena y absoluta en lo que Cristo prometió, pero algunos iban a recibir el don de fe (1 Co. 12:9), en adición a su fe salvadora. Una exageración de este don es referida por la frase "toda la fe" en 1 Co. 13:2, donde hay una serie de exageraciones de ciertos dones. Es distinto a palabra de ciencia o sabiduría. Lo que declara el don de fe no es la Palabra de Dios, sino un hecho que Dios va a hacer. En el N.T., *peitho* es muy común. En versículos como Hch. 13:43; 19:8; 26:28) vemos que Pablo persuadía a los hombres a creer. El don de fe, entonces, implica mucha convicción de lo que Dios va a hacer y una confianza segura de que lo hará.

5. El don de fe es la capacidad de reconocer en situaciones específicas lo que Dios quiere hacer, y confiar en El hasta que El lo realice.

B. Explicación

1. Hay que distinguir entre cuatro tipos de fe del N.T.:

   a. Fe salvadora: el poner su confianza, una vez para siempre, en la obra redentora de Cristo (Ef. 2:8). Esta fe no es limitada, sino universal entre creyentes.
   b. Fe como un cuerpo de doctrina (Hechos 14:22; 16:5; Rom. 1:5)
   c. Fe como un aspecto del fruto del Espíritu (Gá. 5:22). Esta fe no es limitada, sino universal entre creyentes llenos del Espíritu.
   d. Fe como un don del Espíritu para algunos creyentes en el Cuerpo, pero no para todos (1 Co. 12:11, 18)

2. El don de fe es una manifestación intensa de confianza en Dios con la cual El capacitó a algunos creyentes para que la manifestaran. Les dio la capacidad de creer en el poder de Dios para vencer obstáculos enormes. Pablo hizo una alusión al don en 1 Co. 13:2, "si tuviese toda la fe, de tal manera que trasladase los montes. . ." Esta es una referencia a la enseñanza de Jesús en Mateo 17:20, donde El prometió poderes especiales a sus discipulos inmediatos después de demostrar el poder para echar fuera el demonio de un chico.

   Con los apóstoles, el don de fe se asemeja al don de profecía. En Hechos 27:25 Pablo tenía la fe de que las cosas sucederían exactamente "como se le había dicho." Su fe le capacitó para hacer esta predicción dramática, y los eventos acontecieron como él había dicho (Hechos 27:44).

3. Tres aspectos del don de fe:

   a. Un entendimiento extraordinario de la voluntad de Dios (1 Jn 5:14-15) (Mateo 17:20-21)
   b. Se especializa en lo imposible, es decir humanamente hablando (2 Co. 16:9).
   c. Anuncia lo que pasará en el futuro para la gloria de Dios.

4. Abraham es el ejemplo (Ro. 4:20). Dios le dio una promesa de lo que El iba a hacer. Por años, permaneció fiel a la promesa de Dios, y al fin recibió la respuesta. El don de fe es básicamente obediencia a las promesas que Dios ha dado, contando con que Dios va a hacer lo que El prometió si nosotros hacemos lo que El mandó.

5. Pablo tuvo una visión de lo que Dios iba a hacer y la siguió toda su vida (Hechos 9:15; 26:16-20).

6. El don de fe es usado por Dios para:

   a. Traer gloria a Sí mismo (es decir, revelarse a Sí mismo en obras específicas).
   b. Exhortar a las iglesias a orar y a creer en un Dios que responde a la oraciones.
   c. Suplir las necesidades de la iglesia y de las vidas de individuos.

C. Síntomas

1. Un deseo de aceptar las promesas bíblicas en su valor literal y aplicarlas a situaciones específicas hasta que Dios supla las necesidades. Como el evangelista manifiesta su don por la facilidad de ganar almas, el que tiene el don de fe lo manifiesta por su facilidad de tener respuestas a sus oraciones.

2. Una facilidad de entender lo que Dios va a hacer en una situación a través de Sus promesas y una disposición a esperar en Dios por la respuesta.

3. En algunas circunstancias tiene la sensación de que Dios está operando, aun cuando los demás no tienen tanta seguridad.

4. La experiencia repetida, de que después de orar una vez por algo, tiene la seguridad de que sus oraciones han sido oídas y contestadas.

5. Tiene un deseo único de conocer a Dios en Su plenitud y depender de El y solamente de El para las soluciones a circunstancias difíciles.

6. La experiencia muestra que Dios es vivo y poderoso hoy. El responde a sus oraciones sin ninguna intervención humana.

7. La seguridad en El. No solamente cree que Dios "puede" hacerlo, sino que Él "lo hará" o que "ya ha hecho" lo que le ha pedido.

14. Discernimiento de espíritus

A. Definición:

1. El estudio de las palabras asociadas.

Griego	Etimología	Traducción	Idea básica	Pasajes
diakrisis	*dia*—para énfasis *krino*—arreglar, distinguir discernir."	"juzgar, distinguir, discernimiento, discernir."	Poder marcar una diferencia entre lo verdadero y lo falso	Ro. 14:1 Heb. 5:14
diakrino	como arriba	"decidir, juzgar"	Examinar, escudriñar	1 Co. 11:29; 14:29 1 Co. 6:5

2. En los escritos Clásicos, la palabra significó la capacidad de arreglar cosas por categorías, hacer decisiones o hacer juicios o justicia.

3. En el A.T. (LXX), traduce la palabra hebrea *sapat* (Ex. 18:16; 1 Reyes 3:9; Prov. 31:9) que quiere decir examinar o escudriñar algo para tomar una decisión.

4. En el N.T., la palabra es usada 16 veces para referirse a juzgar señales (Mt 16:3), a uno mismo (1 Co. 11:31), y las palabras de profetas (1 Co.14:29). Es necesario para asegurar justicia entre los hermanos (1 Co. 6:5) cuando hay disputas. Usos similares los encontramos en Hechos 11:2 y Judas 9.

5. Es la capacidad para determinar si un maestro, predicador, exhortador o pastor está hablando bajo la dirección del Espíritu Santo, su propio espíritu, o espíritus malignos (2 Co. 11:14-15).

6. Es la capacidad de distinguir entre la verdad y el error, en términos de la verdad revelada o principios de la verdad. La distinción entre lo correcto y lo equivocado.

7. El discernimiento es de "espíritus." Esta es la misma palabra original mencionada en 14:12, donde está traducida "dones espirituales" o "manifestaciones del Espíritu." Entonces es un discernimiento de cuál espíritu está motivando las palabras o acciones.

B. Explicación

1. En la Iglesia Primitiva había profetas, maestros, apóstoles y evangelistas yendo de iglesia en iglesia. Sin un Nuevo Testamento escrito, tenían que depender del don de discernimiento. Practicaron el juicio con frecuencia (2 Co. 11:13; 2 Pedro 2:1; Apoc. 2:2, 14, 20).

2. La iglesia, con la Biblia escrita, todavía necesita mucho discernimiento para protejerse del error de tendencias hacia la herejía o malas prácticas (1 Juan 4:1-3). El don de discernimiento es una capacidad que va más allá de lo que poseen todos los creyentes.

3. Hay tres áreas de evaluación donde hoy opera el don de discernimiento :
   a. Discernir la calidad de una vida, como la de un predicador.
   b. Discernir las palabras de un predicador, para evaluar sus enseñanzas a la luz de la Palabra.
   c. Discernir en disputas entre hermanos para determinar la mejor decisión.

4. Pablo nos advirtió que en los últimos días habría un aumento de falsos maestros (1 Tim. 4:1).

5. Cuidado con los que hablan de doctrinas recién reveladas por ángeles o profetas. Nótese en 1 Tes. 5:21 que es la responsabilidad de todos no dejarse engañar.

6. Siempre debe haber discernimiento en la iglesia (1 Co. 14:29).

7. Un ejemplo de discernimiento está en Hechos 16:17 donde una chica presentó a Pablo, "Estos hombres son siervos del Dios Altísimo, quienes os anuncian el camino de salvación." Pero Pablo lo reconoció como un dicho motivado por adivinación demoníaca (16:16, 18)

C. Síntomas

1. Un sentido agudo para reconocer las inconsistencias en personas y enseñanzas.

2. Una tendencia a estar siempre examinando lo que está equivocado o cómo puede mejorárselo, sí se lo puede mejorar.

3. La capacidad de colocar cosas por categorías.

4. La capacidad de pensar en pasos lógicos.

5. Un buen entendimiento de las Escrituras.

6. Reconoce fácilmente malas interpretaciones de sermones o malas aplicaciones de las Escrituras.

7. Una frustración que no le deja aceptar la situación cuando las personas oyen solamente la mitad de la verdad, o cuando las verdades están aplicadas equivocadamente o las enseñanzas falsas son aceptadas por los demás.

15. Milagros

A. DEFINICION.

1. El estudio de la palabra:

Griego	Etimología	Traducción	Idea básica	Pasajes
dunameis (pl.)	duna- "poder, fuerza"	"milagro, poder, fuerza, autoridad"	Capacidad de producir poder fuerte, capacidad natural.	1 Co. 12:10, 29; Hch. 9:40; 8:13; 19:11
semeion	sema- "marco, indicador"	"señal, milagro, maravilla"	Un indicador de lo que Dios quiere comunicar; autenticación	He. 2:4; 2 Co. 12:12; 2 Tes. 3:17; Mt. 16:3
energia	"acción, operación"	"poder, energía"	Funcional, poder en práctica, y operación.	Ef. 1:19; 3:7; 4:16; Col. 1:29; 2:12; Fil. 3:21
exousia	"poder, autoridad para hacer algo"	"autoridad"	Libre acción, derecho, autoridad delegada, poder.	Jn. 5:27; 2 Co. 10:8; 1 Ti. 2:12; Tit. 2:15
ischuo	"ser fuerte, sano"	"capacidad, fortaleza"	Ser saludable, sano, capaz de hacer algo poderoso.	Stg. 5:16; Mt. 5:13; Ga. 5:6, 13; Fil. 4:13
kratos	"poder soberano"	"poder dedicado a controlar, supremo"	Fuerza, poder relativo y manifestado. Usado principalmente de Dios.	Ef. 1:19; 6:12; 1 P. 4:11; 5:11

2. El don de milagros es más amplio que el de sanidades. Puede estar relacionado con el don de fe, es decir, puede ser que el don de fe sea manifestado por milagros y de otras maneras. Un ejemplo de un milagro es la resurección de alguien que recién murió (Hch. 9:40) o cuando Elimas, el mago, fue dejado ciego por Pablo (Hch. 13:8-11). La consecuencia del acontecimiento en Hechos 13 fue que todo el mundo quedó atento a lo que Pablo quería decir.

3. En los escritos Clásicos, la palabra *dunamis* hacía referencia al poder o autoridad de un gobernador o rey. Podía ser una fuerza militar o política. El *dunamis* de la naturaleza (tormentas, vientos, etc) fue considerado una manifestación del poder de Dios. Por medio de magia los hombres intentaron compartir u obtener tales poderes.

4. En el A.T. (LXX), *dunamis* es usado para traducir *hayil* (fuerza militar). La palabra *dunamis* debe ser diferenciada de la palabra *ischys* que quiere decir fuerza física o poder. *Dunamis* tiende a enfatizar más la autoridad sobre algo en vez de la fuerza física. Así que es el derecho de hacer algo sobrenatural.

5. En el N.T., *dunamis* se usa 118 veces. Es una demostración del poder de Dios sobre la naturaleza, la vida o la muerte. Existen otros "poderes" entre el cielo y la tierra que pueden manifestarse en personas (Marcos 13:25; Rom. 8:38; Ef. 1:21; 1 Ped. 3:22). El poder de estos seres sobrenatures ha sido quebrantado y pronto será destruído por completo (Mat. 12:29; Luc. 11:22; 10:19; 1 Cor 15:24; 2 Tes 2:9; Apoc 13:2; 17:13). La mayoría de las manifestaciones de *dunamis* están en confrontación directa con los poderes satánicos (Mat. 12:22-30; Mar. 6:2, 5; Luc 19:37; Hechos 10:38).

B. Explicación

1. Existen tres palabras asociadas con "milagros" en el N.T.

   a. "Poder": un evento de un poder sobrenatural (9 veces es traducido "milagro").
   b. "Maravilla": un evento evidente a la vista o a los sentidos que asusta al individuo (16 veces traducido "milagro").
   c. "Señal": un evento que marca algo significativo o divino (60-70 veces que ocurre quiere decir "milagro").

2. Hay tres aspectos del don de milagros:

   a. Un evento sobrenatural. Es decir, algo que va contra la naturaleza, algo imposible de explicar como coincidencia. Fue manifestado en la Biblia como:

      1) Poder sobre las enfermedades (relacionado con sanidad).
      2) Poder sobre la naturaleza (relacionado con calmar la tempestad, caminar sobre las aguas).
      3) Poder sobre la materia (relacionado con el cambio de agua a vino, multiplicar los panes y peces).

   b. Un evento que puede percibirse con los sentidos: una "maravilla" que quiere decir: "mirar con cuidado."
   c. Un evento que acompaña al siervo de Dios para autenticar su posición y autoridad: Una señal.

      1) Cada vez que hubo una nueva revelación, Dios también envió el poder de hacer milagros para confirmar a sus mensajeros (Juan 6:14, 2 Cor 12:12; Rom 15:18-19; Marcos 16:20; Heb. 2:3-4).
      2) Una vez que Su revelación nueva y Su mensajero fueran aceptados, el poder de hacer milagros había de cesar.

3. ¿Por qué los milagros eran abundantes en la época de los apóstoles, y ahora son tan escasos?

a. Era por la incredulidad de los creyentes.

   1) Esto condena la incredulidad de muchos hombres de mucha fe y poder del Espíritu .

   2) ¿Sería posible que alguien manifestara el fruto del Espíritu y el poder para edificar la iglesia y aun tuviera un corazón de incredulidad? Vea Heb. 3:12.

b. Era la voluntad de Dios.

4. ¿Conoce a alguien que tenga el poder de suspender las leyes de la naturaleza a su propia voluntad, como Moisés? ¿Elías? ¿Pablo?

5. Parece que en el N.T. solamente Jesús, Sus apóstoles y unos pocos sobre los cuales los apóstoles habían impuestos las manos, tenían el poder o don de hacer milagros (Compara Marcos 16:16-20 con Hebreos 2:3-4).

6. Hoy muchos están buscando una señal o milagro. En Juan 4:48 (Lucas 11:29) vemos que esta actitud no agrada a Dios. Fíjese en Lucas 1:18-20. ¿Por qué Zarcarías quedó mudo hasta el nacimiento de Juan?

7. Los milagros, en un sentido más amplio, sí ocurren de vez en cuando, hoy en día. Ocurren como respuestas milagrosas a la oración: sustento en abundancia, en el momento preciso, o una protección especial.

C. Síntomas

1. Parece que éste don NO es un don que se pueda desarrollar. Se tiene o no se tiene, es decir, se puede ejercer "milagros" en cualquier momento o no. No hay pasos intermedios.

2. Muchos creen que el DON no existe hoy en el sentido del N.T., porque el mensaje ya ha sido comprobado (Heb. 2:3-4), el cual es aceptado por la fe en la evidencia de las Escrituras.

3. Más bien el don de milagros fue un don temporal como el de apostolado, profeta, ciencia, sabiduría (en el sentido de la revelación) y de lenguas (e interpretación).

16. Sanidades

A. DEFINICION.

1. El estudio de la palabra:

Griego	Etimología	Traducción	Idea básica	Pasajes
iaomai	*iama*—sanidad	"sanar" (26 veces) "curar" (2 veces)	El énfasis en la sanidad efectuada sobre la enfermedad o pecado	1 Co. 12:9, 28, 30; Jn. 12:40; Hch. 10:38; 28:27
therapeia	"servir, cuidar, tratar"	"sanar"(38 veces) "curar" (5 veces) "adorar" (una vez)	Tratamiento en servicio para restaurar físicamente	Mt. 4:23; 8:7; 9:35; Jn. 5:10; Hch. 28:9
iatros	"sanador, médico"	"médico" (7 veces)	El que efectúa la sanidad	Mt. 9:12; Mr. 5:26; Lc. 4:23; Col. 4:14
sozo	*saz-* "seguro", así "hacer completo, sano"	"sanar" (3 veces) "salvar"(92 veces)	El énfasis es sanidad espiritual	Mr. 5:23; Hch. 14:9

2. La palabra "sanidades" en los escritos Clásicos significó curar, restaurar, en el sentido médico y metafórico. Un *iatros* (derivación de iama) era un médico. El desarrollo histórico del médico ocurrió en Grecia (ej. el juramento de Hipócrates en 400 a.C. sigue en uso hoy). Los reyes eran considerados como sumo sacerdotes con la autoridad de sanar. Hasta el tiempo de Shakespeare este concepto dominaba, "El Rey te toque, Dios te sane" (*Macbeth* IV, 3).

3. En el A.T. (LXX), *iaomai* traduce el verbo hebreo *rapa'*, sanar, curar. Para los judíos, sólo Dios podía sanar (Ex. 15:26; 2 Reyes 5:7). Confiar en un médico sería desconfiar Él (2 Reyes 1;2 Crón 16:12). Puesto que la enfermedad vino de Dios, El es el único que puede sanar (Job 5:18).Este concepto causaba mucho conflicto interno cuando un hombre recto se enfermaba (Libro de Job, Salmos 38; 51; 88), pero obligaba a una dependencia de Dios como el Único que le podía sanar (Sal. 30:3; 103:3). En el A.T., el sacerdote no era considerado un sanador, sino el que confirmaba que alguien había sido sanado (Lev. 13). Había una relación entre el pecado y la enfermedad como una expresión de la ira de Dios (Salmos 32:1; 38:3; 39). La Sanidad se usa como una ilustración del perdón de Dios (Is. 6:10; Sal. 30:3; 41:5; 103:3).

4. En el N.T., la palabra es usada 26 veces (20 veces en los Sinópticos). Es intercambiada con *therapeuo*. Fueron consideradas señales de la venida del Mesías (Lc. 9:2, 11, 42; Hch. 10:38), en cumplimiento de la profecía del A.T. (Is. 35:3-6; 61:1). En la literatura extra-bíblica hay informes de sanidades, pero siempre agregan exageraciones y romanticismo. El texto del N.T. es muy sencillo: ¡fulano fue sanado, se levantó y fue a su casa con su lecho! No aparece el intento de magnificar el sanador como se hace en el mundo. En una sanidad, fluyó poder de Jesús (Mr. 5:30; Lc. 6:19); así que, para sanar, Jesús tenía que dar al que poseía el don la autorización de ser un instrumento de Su poder.

5. Cuando se refiere al don, siempre aparece en plural, "dones de sanidades." Esto hace referencia a una variedad de tales dones, tal vez por las diferentes enfermedades: Un hombre cojo (Hch. 3:6-8); varios enfermos (Hch. 5:15-16); paralíticos y cojos (Hch 8:7); un ciego (Hch. 9:17-18, 33-35); diferentes enfermos (Hch. 19:12); enfermo de fiebre y de disentería (Hch 28:8). En estos casos las personas fueron sanadas, no por medio de médicos, sino por un poder, es decir, autoridad sobrenatural. Aparentemente alguien con el don de sanidad no podía curar cualquier enfermedad, porque la sanidad no era siempre la voluntad de Dios (2 Cor. 12:8-9).

6. Es importante percibir el propósito de este don para entender las circunstancias en que le agradó a Dios manifestarlo. En Hechos 3:6-8, Pedro sanó al cojo instantáneamente restaurándole a su salud normal, así captó la atención de muchos. Pedro aprovechó la oportunidad para predicar (Hch. 3:12-26). Sin la sanidad, Pedro no habría tenido audiencia. Además la sanidad fue tan obvia que todo el mundo reconoció a Pedro como un hombre con la aprobación de Dios sobre su vida.

7. Es un aspecto del don de milagros debido a la frase en Hechos 4:22, "milagro de sanidad."

8. El poder fue ejercitado por la imposición de manos, por la oración, por un mandato expreso dirigido a alguien para que fuese sanado, o una combinación de las razones anteriores.

B. Explicación

1. Los usos del don de sanidad en la iglesia primitiva fueron dos:
   a. Dar autoridad al mensaje y al mensajero que ejerce tal don (Hch. 3; 2 Cor. 12:12; Heb. 2:4)
   b. Razones humanitarias (Hechos 28:8)

2. Puesto que la mayoría de los eventos reportados hoy como sanidades no se comparan con las evidencias escriturales del N.T. (pues los poseedores de tales dones podían sanar instantánea, completa, y permanentemente —Marcos 1:42, Mateo 14:36), tenemos que explicar las "sanidades" aparentes de una de las siguientes formas:

   a. Poder demoníaco.
      * El mundo estaba lleno de magos que podían sanar en la época de Jesús (Hechos 8:9-11) Pensaron así de Jesús y de Simón (Mateo 12:24).
   b. El poder psicosomático
      1) Hoy dicen que 75% de las enfermedades son psicosomáticas en su origen.
      2) Si alguien tiene en su mente la suficiente fuerza para ser convencido por otra persona con capacidad para impresionar o por un remedio garantizado, de repente los síntomas desaparecen.
      3) Si el sanador dice "Tenga fe, más fe y será sano," entonces está insistiendo en un convencimiento psicológico.
      4) Si la sanidad resulta de tales prácticas, no es de Dios, y no debe ser anunciado como un milagro.

3. Las características de la sanidad en la Biblia:

   a. Es una autoridad, no un poder de oración (Hechos 3:2, 5, 6, 8). "Lo que tengo te doy..."

Mandó ser sanado, no oró. El tenía la autoridad delegada por Jesús para sanar.

b. ¡Es un poder creador!

Las personas sanadas inmediatamente tenían partes físicas nuevas, recién creadas. "Se le afirmaron los pies y tobillos" (Hechos 3:7). Vea también 2 Reyes 5:14.

c. Es el poder sobre los demonios (Lea Lucas 13:10-16). Al echar el demonio, la mujer quedó sana.

4. Hay Cuatro Observaciones sobre las sanidades:

a. La enfermedad puede ser un instrumento de Dios (2 Cor. 12:7-9) con un propósito espiritual. No existe la obligación de parte de Dios de sanar a todos los enfermos físicos. Alguien que insiste en tal cosa está interpretando las Escrituras equivocadamente.

b. No hay mandamiento de sanar. Debe notar que ninguno de los dones de señales son imperativos, pero todos los otros dones sí deben ser manifestados y practicados por todos los creyentes.

c. Hay muy poco énfasis en las epístolas.

Fuera de 1 Cor. 12:9, 28, 30, ninguna epístola menciona las sanidades, excepto Santiago, y ésta no es una referencia al don de sanidades, sino al ministerio de orar por la sanidad.

d. Existe la responsabilidad de pedir la sanidad en oración como un ministerio para los ancianos de una iglesia (Santiago 5:14-16). Los siguientes elementos son parte de este ministerio:

1) La petición es iniciada por el enfermo, solicitando que vengan a su casa.

2) Los ancianos tienen que ir a su casa.

3) La persona es ungida con aceite (ceremonial o medicinal)

a) Era un símbolo de aceptación (Lucas 7:46). El enfermo era considerado "inmundo" o rechazado por Dios. Al ser ungido se le comunicaba aceptación.

b) Tenía un efecto medicinal (Lucas 10:34; Isa. 1:6)

4) La confesión de pecados para tener una conciencia limpia. La implicación es que la persona puede estar enferma por un castigo de Dios (1 Co. 11: 29-31). La confesión es para restaurar a la persona a la plena comunión.

5) Una oración por la sanidad. Las palabras "puede mucho" traducen la palabra *energoumene,* es un tiempo perfecto, en voz pasiva, "ha sido hecho efectiva," presumiblemente por los pasos anteriormente mencionados.

C. Síntomas

1. Como los dones de señales, no son algo que se puede desarrollar, no tiene síntomas. Se tiene el don en su totalidad, o no se tiene. No puede mejorar la sanidad.

2. Aunque no hay bases exegéticas para el cese de las sanidades, la razón principal para su existencia, esto es la de autentificar al mensajero y el mensaje de la nueva revelación, ya no existe. Todos han sido confirmados y la nueva revelación aceptada como la Palabra de Dios (1 Ts 2:13).

3. La existencia del don o no, no impide el ejercicio por parte de los ancianos de orar por los enfermos como se ha mencionado.

17. Lenguas

A. DEFINICION.

1. El estudio de la palabra:

Griego	Etimología	Traducción	Idea básica	Pasajes
glossas (pl)	"lenguas"	"lenguas"	Fisiológica: el órgano o lenguas comunicativas, actuales"	Stg. 3:5; Fil. 2:11; 1 Co. 12:10, 28, 30; 13:1; 14:5; 6:18, 22, 23, 39; Hch. 2:3; 1 Co. 12:10, 30; 13:8; 14:5, 6, 18, 39, 22; Ap. 10:11; 17:15
glossa (sing)	"lengua extraña"	"lengua"	Término usado para una experiencia extática que practicaban las religiones paganas	1 Co. 14:2, 4, 9, 13; 14:19, 26, 27
fone	sonido, ruido, voz	"Voces, lenguaje terrenal"	Un lenguaje actual	1 Co. 14:10; 2 P. 2:16; Ap 5:2
dialekto	discutir, hablar	lengua, dialecto literal y actual	Un lenguaje actual,	Hch. 2:6, 8-11; 21:40; 22:2

2. Es la capacidad de hablar por el Espíritu Santo a otras personas en una lengua que no se conoce, especialmente como una señal.

3. La frase en el texto es *hetero gene glosson* (pl.), es decir, "diferentes generos o tipos de lenguas." La primera palabra significa "otras de diferentes tipos", es decir muchos tipos diferentes de lenguajes, ¡no uno solo! En el texto de 1 Cor. 14, Pablo distinguió entre una lengua (singular) y las lenguas (plural). El don es el plural y la imitación es el singular.

4. La palabra *glossas* se usa alternadamente con *dialekto* en Hechos 2, para referirse a lenguas nacionales actuales. Este es el don genuino. En dos, de los tres pasajes de Hechos donde se menciona "lenguas", los mensajes eran entendidos por los oyentes (Hechos 2:7-12; 10:45-46)

5. En el A.T. (LXX), *glossas* es usado para traducir la palabra hebrea *lisan*, un lenguaje o lengua, 100 de las 160 veces que aparece.

6. En el N.T., *glossas* aparece 52 veces para referirse al órgano del habla o a un lenguaje de comunicación. Es usado 7 veces en Apocalipsis en la frase, "de todo linaje y lengua y pueblo y

nación" (5:9; 7:9; 10:11; 11:9; 13:7; 14:6; 17:15; y 16:10). Cuando es una referencia a una lengua, se refiere a una lengua actual. Debemos tomar el sentido como una lengua actual, a menos que el contexto indique algo diferente.

B. Explicación

1. El Propósito del don:

a. Para autenticar a los mensajeros, especialmente ante judíos incrédulos (1 Co. 14:21-22) los cuales tenían una señal prometida: una lengua extraña (Is. 28:11-12). La frase aquí es *en heteroglossois,* "por gente de lenguas extranjeras." Pablo específicamente llamó el don "una señal" (14:22). Así como una señal fue útil en tres instantes en Hechos (Hch. 2; 10; 19). Nunca tiene la insinuación de que es una lengua mística o extática.
b. La señal no es eficaz para evangelizar a los gentiles incrédulos, porque no van a entender el significado de una lengua prometida como señal a los judíos (1 Co. 14:23). Sirve únicamente para los judíos que conocían la profecía de Isaías 28.
c. Cuando los apóstoles tuvieron su posición acreditada ante la iglesia primitiva y ante todos los grupos nacionales integrados en la Iglesia, tal como los judios al principio (Hechos 15:8-9), no hubo más propósito para el don de lenguas.
d. Cuando el canon de toda la revelación de Dios en el Nuevo Testamento se completó (1 Co. 13:9-10) y cuando la iglesia maduró hacia su independencia del judaísmo (1 Co. 13:11), el don de lenguas cesó junto con los de profecía y ciencia (1 Co. 13:8).

2. Las lenguas no son una señal de madurez, ni de espiritualidad. La iglesia más carnal e inmadura del N.T. se destacó por su énfasis en las lenguas. Fue la más problemática para Pablo.

3. Las lenguas no son la señal del bautismo del Espíritu. No hay mandato de ser bautizado por el Espíritu porque es simultáneo con la salvación (1 Co. 12:13).

4. Observaciones:

a. No debe estar descontento con su don, ni con la manera en que Dios está operando en nosotros, especialmente si estamos creciendo en el Señor. La gran mayoría de cristianos en el N.T. y en la historia, nunca hablaron en lenguas.
b. No debemos enfatizar un don inferior (1 Co. 12:31). Pablo ignora el don de lenguas en 12 de las 13 epístolas que él escribió y nunca lo asoció con el andar o con la llenura del Espíritu.

5. Los dones, especialmente lenguas, son para al provecho de toda la iglesia, no para la edificación personal (1 Co. 12:7; 10:33).

6. Debe seguir el ejemplo de Pablo de no hablar en lenguas en sus oraciones, sus canciones —tal vez una forma de adoración o devocional— (1 Co. 14:14-15), ni en la iglesia (14:19).

7. Las lenguas tienen que ser acompañadas con la interpretación. Está prohibido hablar en lenguas si no hay interprete. Así que es imperativo que sepa si hay uno que tiene el don de interpretación antes de hablar (1 Co. 14:28).

8. Pablo obliga a limitar el número de oradores a tres en cualquier reunión (1 Co. 14:27)

9. Tienen que hablar por turno — las interrupciones no están permitidas (1 Co.14:27).

10. Debe ser practicado únicamente por los hombres (1 Co. 14:34).

C. Síntomas

1. El don de lenguas, ya que es dado espontáneamente, no puede ser desarrollado. Tiene el don en su forma milagrosa y útil, o no lo tiene.

2. El motivo para usar tal don es mostrarles a los judíos que Dios en esta época está operando en la iglesia, no en el judaísmo. Así que el único lugar en que se podían justificar las lenguas sería en una sinagoga de los judíos.

18. Interpretación de Lenguas

A. DEFINICION.

1. El estudio de la palabra:

Griego	Etimología	Traducción	Idea básica	Pasajes
hermeneuo	"explicar o traducir"	"interpretar"	Traducción de una idea extraña en una lengua conocida.	He. 7:2; Jn 1:42; 9:7
hermeneia	"exposición o traducción"	interpretación"	Explicar una lengua no conocida.	1 Co. 12:10; 14:26
diermeneia	"traducción"	"traductor"	Alguien que puede traducir una lengua extraña	1 Co. 14:27, 28, 30; Lc. 24:27

2. La capacidad de entender una lengua milagrosamente y explicar la interpretación ante la iglesia. El único aspecto del don de lenguas que tiene valor para la iglesia es la interpretación de su mensaje inteligible. Pablo hizo muy claro que sin interpretación el don de lenguas no tiene ningún fruto (1 Co. 14: 5-13).

3. La presencia de alguien con el don de interpretación es imperativo ANTES de que se le permita a alguien hablar en una lengua "desconocida." Por lo tanto debe conocerse con anterioridad al intérprete.

4. No hay un ejemplo del uso del don en el N. T. sin embargo, Pablo determinó su función en la iglesia (14:5, 13-19, 27-28). La única manera de ser edificado por medio de una lengua fue cuando el mensaje era interpretado.

B. Explicación

1. La interpretación en el A.T. se enfocaba en sueños y visiones. Los únicos mencionados fueron José y Daniel. Nadie más.

2. Parece que el don de interpretación es muy parecido al de profecía, es decir, por medio de ello la revelación de Dios y los misterios fueron comunicados a los oradores (13:2; 14:2, 6, 30). La diferencia era que el don de interpretación dependía del don de lenguas.

C. Síntomas

1. El don milagroso no puede ser desarrollado ya que es el entendimiento de una lengua completamente desconocida al instante y sin análisis.

2. Como los dones milagrosos, probablemente desapareció junto con el don de lenguas en el primer siglo.

Un análisis del uso de lenguas como una lengua mística de la oración

El uso "devocional" del don de lenguas en las oraciones privadas de los seguidores del movimiento Pentecostal es tal vez más común que el uso en público.

Dicen que se puede comunicar mejor con Dios en oración, que son edificados por orar en "lenguas." pero lo que ocurre en realidad es que esta práctica evita muchas de las restricciones que Pablo estableció en relación al uso de las lenguas en la iglesia. Así, el que habla en lenguas puede guardarlo en secreto, frecuentemente continuando en grupos no Pentecostales. Tal vez esta sea la práctica más sutil y subversiva del movimiento Pentecostal.

A. La evidencia de las Lenguas Devocionales consta solamente de inferencias.

No existe una declaración clara de que las lenguas hayan sido para el uso en privado. Los únicos ejemplos de lenguas son públicos (Hechos 2, 10, 19, y Pablo nunca hizo referencia al uso de lenguas en casa.

B. Las Lenguas Devocionales son contrarias al propósito de los dones espirituales.

Los dones son dados para minimizar a otros, no para uno mismo. ¿Puede imaginar el repartir a uno mismo? ¿o mostrar misericordia a uno mismo? ¿o evangelizarse a uno mismo? ¿o ayudarse a sí mismo? No, el beneficiario de todos los dones es otra persona. La enseñanza de una lengua devocional privada es completamente egoísta: para sentirse mejor, para sentirse más cerca de Dios, para tener mejor comunicación con Dios, etc.

Si estos propósitos fueran bíblicos, el don de Lenguas Devocionales deberían ser dado a todos los creyentes, pero la Biblia hace muy claro que ningún don es para todos (1 Co. 12:30). Dios nunca tuvo la intención que todos los creyentes hablasen en lenguas.

El principio en 1 Co. 13:1-4 obliga a que los dones sean ejercitados por amor. El amor (*agape*) no es una emoción, sino un compromiso para el beneficio y ministerio a otros (13:4-7). En este texto, Pablo declaró específicamente que el amor "no busca lo suyo." Si uno busca algo para su propio beneficio, es egoísmo, no amor. El hablar en lenguas dovocionales no es un ministerio de amor hacia otros, por tanto, no tiene valor bíblico.

C. Las Lenguas Devocionales son contrarias al propósito de las "Lenguas" genuinas

En Marcos 16:15-17 Jesús dijo que ciertas señales iban a seguir a los ministerios de Sus discípulos. Una de aquellas señales fue "las lenguas." El propósito de las lenguas consistía en ser una "señal para los incrédulos" judíos (1 Co. 14:22). En Hechos 2:4-11, tenemos un ejemplo claro del uso de las lenguas como una señal a los incrédulos.

La señal en Hechos 10:46 demostró en sí misma que los gentiles también iban a ser salvos e incorporados a la Iglesia de Cristo. Una vez que esto fue comprobado, no había necesidad de seguir repitiéndolo. En Hechos 19:6, un grupo de creyentes o fieles seguidores de Juan el Bautista, o sea que fueron fieles antes de la época de la Iglesia, también tuvieron que confiar en Cristo para ser puestos en Su Cuerpo, la iglesia. Una vez que se comprobó que aun los seguidores de Juan tenían que ser salvos por medio de Cristo, no hubo necesidad de repetición. Los gentiles y los justos antes de Cristo sabrían que la salvación vendría únicamente por medio de Cristo.

Las lenguas devocionales jamás han sido descritas en el NT, ni es posible que sean una señal a los incrédulos.

Además la existencia del don de Interpretación implica que Dios jamás tuvo la intención de que una Lengua Devocional existiera. El único valor de las lenguas se tiene cuando hay una interpretación entendible.

D. Las Lenguas no son una señal para el orador.

Las Lenguas Devocionales no son para ministrar a otros, pero deben ser una señal para alguien, ¿para quién? Tendría que ser para el individuo mismo. Si es una señal, ¿qué señala? La única cosa que señalaría sería una certeza de que tiene el don o que el Espíritu está en el poseedor. Pero cualquier don puede señalar lo mismo, y la confianza en la presencia del Espíritu debe ser aceptada por fe en las promesas. Como una señal para el orador mismo no tiene propósito bíblico.

E. Las Lenguas no son para auto-edificación

La idea de auto-edificación viene de 1 Cor 14:3-4, *"El que habla en lengua extraña, a sí mismo se edifica."* Esto no es una alabanza para la auto-edificación, sino una razón por la cual las lenguas tienen menos importancia que la profecía. El verso indica **un abuso o mal uso** del don de lenguas. Cuando eran interpretadas, las lenguas podían bendecir a la iglesia.

La palabra "edificar" puede tener tanto un significado negativo como positivo. Una ilustración del negativo está en 1 Cor. 8:10 donde la conciencia débil de un hermano puede ser "estimulada" a comer algo ofrecido a ídolos. Es la misma palabra *oikodomeo*. ¡Esto es edificación negativa! Hay varios razones para que la "edificación" en 1 Cor. 14:4 pueda tener una connotación negativa — es decir, la exaltación de uno mismo:

1) Había divisiones basadas en el orgullo y en el gloriarse (1:26-29; 3:3-7, 18, 21). Estaban jactándose de sus dones, especialmente del don de lenguas.

2) En el contexto del capítulo 14 Pablo hizo claro que es imposible edificarse positivamente por medio de una lengua porque nadie la entiende. En 14:5 la congregación no puede ser edificada sin entendimiento. En 14:6 Pablo concluyó que el orador tampoco era edificado hasta que su lengua fuera interpretada. En 14:9 hablar en una lengua es "hablar al aire", o sea, sin provecho. Cuando el oyente no entiende la lengua, aún en una oración (14:16), no es edificado (14:17). La conclusión es obvia: no existe ninguna edificación bíblica sin entendimiento de lo que se dice.

3) El orador mismo estaba "sin fruto" hasta que su lengua fuera interpretada. Así que el orar sin entendimiento (en una lengua) es una acción negativa, sin provecho y tiende a auto-engañarse por el uso.

4) La falta de entendimiento (14:6) es igualmente falta de edificación (14:17). Dos veces en el contexto (14:5, 17) Pablo clarificó que la edificación no tiene lugar sin entendimiento de la Palabra. Si la mente no está funcionando para entender nueva ciencia, una verdad nueva o clarificada, o una exhortación, consolación o aplicación práctica para su vida — no es edificante.

5) Dios diseñó los dones para que seamos edificados por medio del ministerio de OTROS, no de nosotros mismos (Ef. 4:16). El concepto de edificarse independientemente no aparece en toda la Biblia.

6) El único *valor* de hablar en una lengua es a) darse cuenta de que Dios le había dado un don y b) una satisfacción emocional. Estas experiencias son consideradas como edificación. El poseedor del don de profecía puede darse cuenta que Dios le ha dado un don y sentir emoción por que Dios está hablando por medio de él, pero nunca para auto-edificación. La satisfacción del ejercicio de los dones es el beneficio que puede producir en las vidas de otros. Que Dios dé un don solamente para que uno sepa que lo tiene es inútil.

7) El concepto de edificación en el N.T. depende de aumentar el entendimiento de la Palabra y la aplicación de ella a la vida por medio de exhortación, conocimiento, consuelo, aclaración, o instrucción. Los libros del N.T. son escritos con este formato: primero, establecimiento de la verdad (Romanos 1-11; Efesios 1-3) y después la aplicación o exhortación basada sobre la verdad entendida (Romanos 12-16; Ef. 4-6). Nunca somos exhortados a sentir algo para ser edificados. El concepto de que una emoción o sensación de ser usado por Dios es edificación, ¡no es un concepto cristiano!

8) En la Biblia los creyentes nunca son exhortados o animados a edificarse a través de los dones. Hay muchos pasajes que se refieren a edificación y exhortación, pero ninguno se refiere a las lenguas (ej. Ef. 4:11 da una lista de dones para edificar).

9) Esa auto-edificación, para los pocos que reciben la capacidad milagrosa para crecer en la vida espiritual, no estaría disponible para los que no han recibido este don. Crearía una "élite" de los "espirituales." Un poder de unos pocos para crecer espiritualmente está en contra del N.T. Si dice que el don es para todos, también es contrario a la enseñanza del N.T.: ningún don es para todos.

10) Pablo probablemente está diciendo que el que habla en una lengua para "edificarse a sí mismo," sin ninguna intención de edificar a otros, está simplemente "exaltandose". Nadie ha podido explicar cómo una lengua puede edificar a la persona que habla. No cumple con ninguna de las normas de edificación de la Biblia.

F. Las Lenguas no son ni para Oración ni para Alabanza.

La frase "el que habla en lenguas no habla a los hombres, sino *a Dios*" (1 Cor. 14:2) y "calle en la iglesia, y hable para sí mismo y *para Dios*" (1 Cor. 14:28). Estos dos versículos son usados para probar que lenguas son usadas para comunicarse íntimamente con Dios. Estos versículos, junto con los versículos 14-17, tratan el tema de la oración en lenguas.

1) En los versículos 1-3 Pablo está exhortando a los corintios a preferir la profecía porque

habla a los hombres en vez de las lenguas que hablan solamente a Dios, por lo cual es in-útil para la edificación del Cuerpo. En la asamblea, hablar a los hombres tiene preferencia sobre el hablar a Dios. La oración y la alabanza son importantes en la asamblea, CUANDO SON ENTENDIDAS (1 Co. 14:15-16; Ef. 6:18; Fil 4:4-6; Col. 4:2; 1 Ts. 5:17; 1 Tim. 2:1, 8).

a) El "pues" en vs. 2, indica la razón de la frase anterior "sino a Dios". Él le habla a Dios no porque esté en oración, sino porque nadie le entiende sino Dios. Es lo mismo que hablar "al aire" (v. 9). Dios era el único que podía entenderle.

b) La frase "habla. . .a Dios" (v.2) no es un *dicho absoluto* en cuanto a cómo funciona el don según la frase siguiente ("pues nadie le entiende"). La idea es que si alguien le entendiera no estaría hablando con Dios. Así que no es una referencia a una oración. Cuando las lenguas fueron usadas en el Día de Pentecostés los demás entendieron lo que fue dicho (Hch 2:6-8), así que no le hablaron solamente a Dios. Las lenguas son **una señal** a los hombres (1 Co. 14:22) así que su propósito es que sean entendidas. Siendo que las lenguas genuinas (idiomas actuales) son para ser entendidas por los hombres, el versículo 14:2 no es un absoluto, o sea, no es el propósito absoluto de las lenguas.

c) Pablo no estaba exaltando las lenguas como un medio de comunicación con Dios, sino demostrando sus limitaciones— ya que son menos efectivas que la profecía. Pablo no está diciendo que las lenguas son para oración y alabanza, pero es preferible la profecía, excepto cuando las lenguas funcionan correctamente y alguien las entiende (un intérprete o un extranjero). Pablo quería frenar el uso de lenguas en la asamblea. Es obvio que hablarle solamente a Dios es un concepto negativo, según a Pablo. Inclusive, si no está presente un intérprete, está prohibido hablar en una lengua (14:28).

2) La prohibición de hablar en lenguas sin intérprete no está exaltando las lenguas como un medio de comunicación con Dios (1 Co. 14:28). El don, sin interpretación, está restringido y la persona puede hablar "para sí mismo y para Dios" (14:28). Pero nadie puede hablarse a sí mismo si no entiende; entonces no tenemos comunicación. La idea es hablar donde no vaya a causar un disturbio, donde solamente la persona y Dios pueden escuchar. Pero ¿qué sentido tendría un don para hablarse a uno mismo? Si toma el versículo para apoyar lenguas devocionales ("habla a Dios"), tiene que entenderse que "habla a sí mismo" es la misma idea porque están juntos. Si no va a usarlo para tener un ministerio con otros, no moleste a la congregación. Las exhortaciones son negativas; no promocionan las lenguas.

3) Como un vehículo de oración Pablo puso en claro que son inútiles en 14:14-16. Es mejor orar en espíritu y **con entendimiento**, es decir, en una lengua conocida. Sin interpretación (v. 13) la oración en una lengua "sin fruto" (v. 14). Es categórico: orar en una lengua, sin intérprete, es inútil, sin fruto, es en vano. Por eso, Pablo siempre oraba en su espíritu y con el entendimiento funcionando. Pablo quería que los dos, su mente y su espíritu, estuviesen involucrados en la oración.

4) "¿Qué pues?" (v. 15) introduce una conclusión para formar un absoluto: la oración que el orador puede entender tiene preferencia sobre la que no puede entender. Las oraciones en

privado siempre son "sin fruto" (excepto cuando la persona tiene el don de interpretación también). Así que no hay ninguna razón para orar en una lengua que no se entiende.

5) Pablo continuó su argumento contra el énfasis de las lenguas (14:16-17) para demostrar que los mismos principios se aplican en cuanto a dar una bendición o a dar gracias. Nadie puede entender, ni el orador mismo. Si la oración no es una expresión del corazón del individuo (no puede serlo si no hay entendimiento), entonces Dios no es alabado por la lengua. No tiene sentido que Dios de un don para que Él sea alabado sin el entendimiento y participación del individuo. En realidad es Dios alabándose a Sí mismo ¡sin la participación del deseo del individuo!

6) Algunos tratan de identificar la oración en una lengua con la frase en Romanos 8:26, "el Espíritu mismo intercede por nosotros con gemidos indecibles."

   a) Primero, este versículo se aplica a todos los creyentes (vea 8:23). Inmediatamente los versículos hablan de presciencia, predestinación, llamamiento, justificación y la permanencia del amor de Cristo, los cuales pertenecen a todos los creyentes.

   b) La frase "gemidos indecibles" (*stenagmois alaletois*) no indica hablar en lenguas. La palabra *alaletos* es algo "inexpresable, sin palabras, incomunicable con palabras." No es un sonido audible. Es algo imperceptible para el creyente. El versículo dice que es el Espíritu que emite los gemidos, no el creyente.

   c) En versículos 21-22 los gemidos están relacionados con el deseo del cumplimiento de la redención cuando el cuerpo, el Templo del Espíritu, esté libre de la "esclavitud de corrupción."

7) El concepto de una clase especial de oración para la adoración y alabanza a Dios no tiene referencia en el N.T. Cada creyente tiene un acceso perfecto por medio de la muerte de Cristo (Juan 14:13-14; Ef. 2:18; 8:12). Con nuestro sumosacerdote (Heb. 4:14-16) tenemos una cercanía absoluta que no puede ser mejorada, ni siquiera con una lengua. Siendo que el don de lenguas son idiomas verdaderos , ¿qué idioma es más espiritual? ¿Chino? ¿Inglés? ¿Castellano? o ¿Francés? El Espíritu ayuda a todos los creyentes en la oración (Ro. 8:26). Ninguna promesa de la Biblia incentiva a una persona a buscar una lengua en la oración para tener una comunicación más íntima. ¡Es todo imaginación y una mala comprensión de ciertos pasajes que han motivado a miles a buscar algo que no existe! No hay ni una insinuación de que la adoración de los ángeles es mejor que la de los hombres (Apo. 4:11 — 5:14). Siempre la adoración a Dios en la Biblia es entendida y expresada en lenguas conocidas. Además las lenguas iban a cesar en algún momento (1 Co. 13:8). Si son para adorar a Dios sobrenaturalmente no tienen razón de cesar. ¡Esto sería tan importante como el amor! Pero no lo es. Estaremos alabando al Señor para siempre, pero "las lenguas cesarán" (1 Co. 13:8). En Hechos 10:46 Lucas escribió, ". . . los oían que hablaban en lenguas, y que magnificaban a Dios." No está claro si los judíos entendieron a Cornelio y a los otros magnificando a Dios en una lengua o si fueron dos acontecimientos: hablaron en lenguas y después magnificaron a Dios (lo más probable). El pasaje indica que:

1) La lengua era una lengua real conocida por los judíos, pero no conocida por Cornelio.

2) Lo que dijeron en la lengua no es lo importante en el texto, sino que se entendió y que fue una señal para los judíos demostrando que Dios igualmente iba a operar tanto entre los gentiles como entre los judíos. Esta fue la aplicación del evento que hizo Pedro en Hch. 11:15-18. El propósito siempre es una señal a los judíos.
Así que no existe ninguna razón para usar otras lenguas en sus devociones.

G. Las lenguas son para ministerio a los incrédulos

Todo el contexto de 1 Co. 14 exhorta contra el uso de las lenguas en la asamblea. Está restringido en casi cada versículo. Tantas fueron las limitaciones que Pablo quería mermar un poco su instrucción al terminar diciendo que no prohibía las lenguas por completo (14:39). Pablo las permitía bajo ciertas restricciones: con intérprete, hablando uno a la vez, dos o tres como máximo, a ninguna mujer se le permitía hablar, etc. Algunos han usado estas restricciones para llegar a la conclusión de que las lenguas tienen que tener una función privada. Pero ignoran el uso estratégico *fuera* de la asamblea.

1) *Todas las lenguas tienen un solo propósito.*
Algunos autores quieren hacer una distinción ente la naturaleza y el propósito del don de lenguas en Hechos y en 1 Corintios. Tal distinción es pura fabricación para conveniencia. Dicen algunos que en Hechos las lenguas eran señales, pero en Corintios eran dones para la edificación pública y privada. O que la señal en Hechos fue la confirmación del "bautismo del Espíritu."
Todas las lenguas en el N.T. tienen la misma naturaleza. No puede ser más claro: "las lenguas son **por señal**, no a los creyentes, sino a los incrédulos" (1 Co. 14:22). Es un dicho categórico y absoluto. También en Marcos 16:17, 20 es claro que las lenguas son por señal. Siempre que aparecían eran usadas por señal (Hch. 2: 4-11; 10:44-46 con 11:15-18; y 19:6). No fueron buscadas, ni deseadas porque antes ni siquiera se sabía lo que eran. Nadie habló en lenguas en la Biblia ¡no se sabía lo que eran!
Los autores del N.T. presumían que las lenguas en 1 Corintios y en Hechos eran iguales y por eso no dieron ninguna definición o distinción entre propósito y operación. El texto en Corintios específicamente las declara como señales, y así lo son en Hechos. No hay ninguna diferencia o distinción.
En 1 Corintios Pablo hizo claro que su uso no era para la congregación, sino que sirve fuera de la congregación. Así lo enfatiza Marcos y los tres antecedentes bíblicos (Hechos 2, 10, y 19), todos fuera de la congregación.

2) *Las lenguas son una señal a los incrédulos.* Siendo que el don es la capacidad de hablar en otra lengua, el propósito es obvio. Es la capacidad de hablar milagrosamente a extranjeros en su propio lenguaje. Esta es la única explicación de los antecedentes en la Biblia.
No se puede demostrar ningún propósito para una lengua extática, ni un lenguaje "celestial o angélico". Hemos demostrado que "lenguas devocionales" no tienen propósitos bíblicos. Siendo que el don de las lenguas es un idioma actual el propósito sería comunicarse con personas en otra lengua.
Es obvio que el don de lenguas tiene su propósito fuera de la congregación, la profecía es para la congregación. En 1 Co. 14:18-19 Pablo declaró que las lenguas **NO SON PARA**

EL USO EN LA CONGREGACIÓN. La expresión es una exageración para demostrar su oposición al uso de las lenguas en la congregación.

La conección entre los versículos 21 y 20 es interesante: "Dejen de pensar como niños (inmaduros) y comiencen a entender el propósito de las lenguas." Es decir, el uso de lenguas entre creyentes es inmadurez. Si las lenguas son una "señal, no a los creyentes, sino a los incrédulos" (14:22), entonces es imposible pensar en las lenguas devocionales o en un tipo de oración privada o alabanza mística a Dios. Cuando fueron usadas como una señal, tal como en Pentecostés, fueron efectivas. Cuando fueron usadas en las congregaciones, los incrédulos no las aceptaban como señales (14:23), más bien pensaban que los creyentes estaban "locos." En el contexto de la iglesia son ineficaces para el evangelismo.

Las "señales" que seguían a los discípulos (Marcos 16:20) incluyeron el don de lenguas (16:17) como una señal a incrédulos que era el propósito de las señales (16:15), es decir, confirmar el mensaje a "toda criatura."

3) Las lenguas son una señal no solamente a los judíos incrédulos. En Isaías 28:11 tenemos la profecía de una señal "a este pueblo", es decir, a Israel. Es cierto que todas las veces que aparecen las lenguas en Hechos están en la presencia de los judíos, pero el evangelio estuvo restringido a los judíos por años (Hechos 11:19).

Pablo no está diciendo que el don de lenguas es el cumplimiento de Isaías 28:11, sino que las lenguas son una señal a "incrédulos" (14:22) sin importar su nacionalidad. Si el don de lenguas no es el cumplimiento de la profecía (la invasión de Babilónia en 605 a.C. fue el comienzo del cumplimiento de la profecía de Isaías), entonces Pablo está formando un principio. La aplicación de Pablo es para todos los "incrédulos." La iglesia en Corinto constaba principalmente de gentiles, entonces es seguro que Pablo hubiera aclarado si la aplicación era más restringida.

Además, Jesús declaró que ninguna señal sería dada a esta generación, sino la resurección (Mateo 12:39; 16:4; Mar 8:12). La implicación de 1 Cor. 1:22-23 es que los judíos buscan una señal, pero no la van a recibir. Así que las lenguas son para todos los incrédulos en el tiempo de la confirmación del evangelio.

4) Las lenguas no son una señal de un bautismo del Espíritu Santo después de la conversión. La enseñanza de que se necesita un bautismo del Espíritu DESPUÉS de la salvación, una segunda obra de gracia, no tiene fundamento bíblico. El bautismo del Espíritu es la operación del Espíritu por la cual el creyente es colocado en el cuerpo de Cristo llegando a ser copartícipe de todo lo que Cristo es. Sin el bautismo del Espíritu es imposible estar "en Cristo," o sea, ¡es imposible ser salvo! Antes de Pentecostés los discípulos de Cristo eran creyentes, pero no poseían el Espíritu, ni habían recibido el bautismo del Espíritu. Hoy nadie puede repetir su condición de creer pero no tener el Espíritu porque el Espíritu ha sido dado al mundo y es recibido como un regalo en el momento de recibir a Cristo (Hch. 2: 38).

Los Pentecostales quieren enseñar que hablar en lenguas es una señal para el creyente de que ha recibido este bautismo. Pero hemos visto que el propósito de las lenguas es una señal a los incrédulos, no a los creyentes (1 Co. 14:22). No existe una declaración bíblica de que las lenguas sean evidencia de algo que ocurre después de la salvación. En Marcos 16:17-20 las lenguas iban a ser una señal para un ministerio evangelístico con incrédulos. En Hechos 2:4-11 tenemos una demostración de las lenguas como una señal a incrédulos. El propósito fue convencer a Israel de la verdad de Cristo (2:36). En la casa de Cornelio, más de siete años más tarde, tenemos la próxima vez en que aparecieron las lenguas. La referencia al "principio" (14:15), sin ninguna referencia a lo que sucedió en Samaria (Hch. 8:5-25) insinúa que nada parecido había ocurrido en el intervalo. El evento no ocurrió después de la salvación de Cornelio, sino en el mismo momento de su salvación. Cornelio no era creyente antes (Hch. 11:14-18) y la experiencia resultó en que aquella tuviera lugar (11:14, 18).

En Hechos 19:1-6 encontramos la última vez en que aparecen las lenguas en Hechos. El evento ocurrió en Efeso casi 13 años después de la conversión de Cornelio. Fue una experiencia de salvación para los discípulos de Juan porque ellos no habían escuchado nada de Jesús ni del Espíritu.

El último pasaje que se refiere a las lenguas es 1Co.12-14. No existe ninguna insinuación de un bautismo después de la conversión. La única referencia al bautismo del Espíritu indica que es la experiencia de salvación cuando "se nos dio a beber de un mismo Espíritu" (1 Cor. 12:13). No hay ninguna sugerencia de que las lenguas estén relacionadas con ese bautismo en 1 Cor 12-14.

En ninguno de los pasajes que se refieren a las lenguas existe la más remota sugerencia de que ellas sean evidencia del bautismo del Espíritu. El tema en cada caso es la formación del Cuerpo de Cristo en el momento de la salvación de las personas.

Todo el propósito del don de lenguas pierde su sentido si ellas son una señal del bautismo del Espíritu. Las lenguas son idiomas verdaderos.¿Por qué habría un idioma para demostrar una segunda bendición? Los dones son para un ministerio a otros, ejercitdo en amor. Si las lenguas son evidencia para el individuo del bautismo del Espíritu, no funcionan como un don del Espíritu. No es necesario que haya comunicación; la experiencia es suficiente. ¿Por qué dijo Cristo que sería una señal para incrédulos si fuera una evidencia del "bautismo?"

Si fuera una señal de que el creyente hubiese recibido un bautismo del Espíritu después de su salvación, la manifestación sería útil en la congregación, pero todo el argumento de 1 Cor. 14 es lo contrario. Así las lenguas serían tan importantes como la profecía: lo opuesto a lo que Pablo dijo. No habría necesidad de un intérprete. ¿Por qué son restringidos a hablar por turno, y limitados a dos o tres en una reunión? ¿Será que solamente dos o como máximo tres personas, pueden recibir el "bautismo del Espíritu?" ¿Por qué las mujeres no pueden hablar en lenguas? ¿Será que ellas no pueden recibir el bautismo? Si las lenguas son evidencia del bautismo del Espíritu, ¿por qué Pablo hablaba más que los demás? Si tiene la evidencia una vez, ¿qué necesidad existe de una repetición? Para responder a estas preguntas tienen que inventar un nuevo propósito para el don de lenguas y hacer una distinción entre el don de lenguas en Hechos y en 1 Corintios. La interpretación de los Pentecostales no tiene sentido bíblico ni lógico. Es pura fabricación de hombres deseando algo sobrenatural.

H. Las Lenguas y la Vitalidad Espiritual.

Algunos quieren insistir en que las lenguas producen un avivamiento espiritual en la iglesia. ¿Qué dicen las Escrituras? No— la iglesia en Corinto demostró que el don de lenguas no garantizaba espiritualidad: era la iglesia más carnal del N.T. (1 Cor 3:1-3). Estaban divididos, aceptaban la inmoralidad, les faltaba amor, se llevaban los unos a los otros ante cortes paganas, malentendían los dones espirituales y se emborrachaban en la Cena del Señor. Si son tan importantes para la vitalidad de una iglesia, ¿por qué Pablo dijo que es mejor no usarlos? Cuando Pablo mencionó los dones que edifican la iglesia, ¿por qué no hizo referencia a las lenguas (Ef. 4:11)?

El propósito del don de lenguas no tiene nada que ver con la vitalidad de la iglesia. Es la capacidad de ganar a los incrédulos, no de edificar a los santos. Si es tan importante para edificar, ¿por qué se le da tan poco énfasis en el N.T.? Las lenguas no fueron diseñadas para producir crecimiento espiritual. Son dadas para ganar a incrédulos. Los dones de profecía y maestro fueron diseñados para la edificación de los creyentes. Esto es el énfasis de 1 Cor. 14. Por enfatizar un don fuera de su propósito trajo como resultado una iglesia dividida y carnal.

I. La Prioridad del don de Lenguas

El lugar de importancia o prioridad de las lenguas está más aclarado que con cualquier otro don. El mal énfasis en Corinto obligó a una definición. En Corinto el don de lenguas era una prioridad y Pablo quería minimizarlo. Por ejemplo, Pablo dijo que él hablaba el don de lenguas más que cualquiera de ellos (1 Cor. 14:18), pero nunca escribió sobre esto. Parece que no era tan importante para él. Todo el tono de 1 Cor. 12-14 es un subestimación de las lenguas y está lleno de restricciones acerca de las mismas. No existe evidencia de que ninguna otra iglesia utilizara lenguas aparte de Corinto. El N.T. no anima a nadie a hablar en lenguas.

El don de lenguas fue uno entre los muchos dones dados a la iglesia y, como todos los dones, no fue dado a todos los creyentes. 1 Cor. 12:29-30, "¿Son todos apóstoles? ¿Son todos profetas? ¿todos maestros? ¿hacen todos milagros? ¿Tienen todos dones de sanidad? ¿hablan todos lenguas? ¿interpretan todos?" El griego tiene dos negativos. Este negativo demanda siempre la respuesta, "¡No!" Los que tenían el don de lenguas eran una pequeña porción del Cuerpo de Cristo.

En 1 Cor. 12:28 Pablo hablaba directamente sobre el tema de la prioridad dando cinco categorías de dones utilizando los términos de prioridad como "primeramente," "luego," "tercero," "luego," y "después." El orden es la prioridad de los dones de "apóstoles" hasta "el don de lenguas." No se mencionan todos los dones, sino los suficientes como para demostrar prioridad. Lenguas, sanidad y milagros tienen menos prioridad que enseñanza.

Es obvio que los dones que deben ser enfatizados en la iglesia son los que edifican. El contexto de 1 Cor. 14 prueba que las lenguas no tienen ningun valor para edificar. El propósito de 1 Cor. 12 fue refutar una idea de que las lenguas deben ser enfatizadas y que todos deben manifestarlas. Aun cuando exista el don genuino de lenguas, no debe ser enfatizado. Cualquier grupo que enseña que todos los creyentes deben hablar en lenguas está en error y enseñando en contra de la Biblia.

J. El énfasis en buscar el don de lenguas

Desde el principio del movimiento Pentecostal muchos han buscado el don de lenguas. Muchos hoy quieren hablar en lenguas para tener seguridad de su "bautismo del Espíritu." Primeramente, ha sido establecido que los dones son dados soberanaturalmente, de acuerdo a la voluntad de Dios, no según los deseos de ningún hombre (1 Cor. 12:11, 18). Segundo, aparentemente en el contexto (1 Cor. 12:12-20) ningún miembro (don) puede cambiarse por otro miembro o, si fuera posible, el sentido del pasaje se perdería. Al contrario, Pablo enfatiza que todos los dones son importantes y son inmutables.

Los pasajes que refieren a una búsqueda de dones deben ser analizados. Primeramente, nadie en la Biblia que habló en lenguas estaba buscando hacerlo. La única persona que buscaba un don está en Hechos 8:18-24 cuando Simón, el mago, buscó el poder del Espíritu; aun quería pagar por él. El principio del pasaje es que es pecado pensar que se puede obtener un don de Dios por medios humanos o deseos humanos. Es una ofensa a Su soberanía.

Los versículos utilizados para la búsqueda de dones son 1 Cor. 12:31, 14:1, 12, 39. La palabra *procurad*, (*zeloo*) a veces traducida como desear o codiciar, principalmente quiere decir "ser celoso de." Es la raíz de la palabra en castellano *celo*. Doce veces en el N.T. es usada para ser celoso. Más significativo es que la palabra es una actitud, no una acción.

Además, el contexto está dirigido a toda la congregación, no al individuo. Pablo acabó de demostrar las prioridades de los dones (1 Co. 12:28). Los dones más prioritarios (apóstol, profeta, maestro) deben tener más énfasis, en vez de los dones de la quinta categoría (sanar, ayudar, administrar y hablar en lenguas).

Sin embargo, hay conceptos que contradicen la idea de "procurar" en el sentido de "buscar."

(1) El énfasis del capítulo es estar satisfecho con el don que Dios le ha dado. En 12:15 un miembro no puede cambiarse. Procurar otro don va contra este versículo.

(2) Dos versículos claramente declaran que los dones son distribuídos como Dios quiere. Buscar un don estaría en desacuerdo con 12:11 y 18 que enseñan que los creyentes tienen que aceptar los dones que Dios les ha dado.

(3) Existen palabras en griego para decir "buscar" (*zeteo*, *orgo*) o "desear" (*thelo*, *epithumeo*, y *boulomai*), pero **¡nunca son usadas en la Biblia con referencia a buscar un don espiritual!** Pablo usó estas palabras muchas veces (*zeteo* Pablo la usó 19 veces; *orgo* fue usada para busar el obispado en 1 Tim 3:1. Las otras palabras son usadas frecuentemente también (*thelo*, 60 veces; *epithumeo*, 8 veces; *boulomai*, 5 veces), pero nunca en referencia a los dones.

(4) Así que el principio de 12:31 es que la iglesia (el plural del verbo indica un grupo) debe *ser celosa para* o *tener entusiasmo por* o *enfatizar* ciertos dones, particularmente los dones que edifican.

1 Cor. 14:1, y 39 usan la misma palabra y se deben entender igualmente. La prioridad del amor se manifiesta al servir a otros, especialmente por su don. El contexto (14:1-25) no tiene nada que ver con un individuo buscando un don, sino que la iglesia debe tener preferencia por los dones que edifican.

En 14:39 la misma palabra es usada junto con "profetizar". Pablo no está diciendo que cada individuo tiene que buscar su propio don de profecía. El individuo no está en vista. Es lo que la congregación tiene que enfatizar: dones que edifiquen a los demás.

En 14:12 Pablo intencionalmente marcó una diferencia entre "enfatizar"(*zelotai*) y "buscar" (*zeteo*). Literalmente debe ser traducido, "Siendo que Uds. **enfatizan** (o son celosos) los dones espirituales, **buscad** que edifiquen." Si Pablo quería decir que el creyente debe buscar un don como lenguas, él podría haberlo dicho, pero no lo dijo.

Cuando Pablo quería que las personas desearan o buscaran algo, él usó el imperativo singular como en 1 Timoteo 3:1. Aquí el individuo intenta alcanzar algo, busca algo, o aspira a algo (*oregetai*). Así que cuando Pablo quería que un individuo buscara algo, él se lo decía. Jamás dijo que alguien debe buscar un don, ni existe ninguna indicación de que alguien lo hizo en la Biblia. Inclusive, todo el contexto de los dones es contrario al concepto de buscar un don.

K. Las Restricciones Bíblicas impuestas sobre el uso del don de lenguas.

Si el don de lenguas es para hablar en una lengua para incrédulos, hablar en privado o hablar en la asamblea no es la mejor manera de usarlo. El don genuino de lenguas fue desanimado, pero permitido en la asamblea bajo ciertas restricciones. (1) Tenía que edificar (14:26); (2) No estaba permitido si un intérprete no estaba presente (14:28); (3) Solamente a dos o, como máximo, tres se les permitia hablar en una reunión (14:27); (4) Los que hablaban en lenguas tenían que hablar por turno (14:27); (5) A las mujeres no les era permitido hablar, especialmente en lenguas, en la congregación (14:34-35); (6) La reunión tenía que tener orden, y nunca estar fuera de control (14:33, 40). Estas restricciones son aplicables únicamente al don genuino de lenguas, es decir, hablar en un idioma real.

Conclusión

Así que no existe ningua prueba de que el don de lenguas es un éxtasis o hablar extáticamente con sonidos ininteligibles. No había preparación emocional para hablar en lenguas, no se necesitaba exitación, ni trance ni experiencia elevada con una bajón después. El orador estaba en control de sí siempre y podía detenerlo cuando era necesario (14:28, 32). El que hablaba en lenguas no estaba bajo el control de Espíritu más que el que ejercitaba cualquier otro don como profecía o enseñanza. No había fenómenos como tajarse, convulsiones, espuma por la boca, gritos, tono de voz anormal o estar casi inconsciente de lo que estaba ocurriendo. Tales experiencias son comunes entre los paganos del primer siglo tal como lo son hoy.

El propósito declarado del don de lenguas es una señal a incrédulos (1Cor. 14:22). Tal propósito no incluye el énfasis en lenguas devocionales o "angélicas." Solamente la capacidad de hablar milagrosamente en un idioma verdadero está en armonía con el N.T. El don de lenguas es una lengua extranjera usada para ganar el oído de incrédulos al presentar el evangelio. Por esto Pablo aparentemente hablaba mucho en lenguas (1 Cor. 14:18), pero era de tan poca importancia que el N.T. no menciona ninguna vez a Pablo hablando en lenguas a pesar de recordar los primeros 22 años del ministerio de Pablo.

El don genuino de lenguas tenía una prioridad mínima en la iglesia primitiva, con la excepción de Corinto que desvió el énfasis neotestamentario motivando la corrección dada en 1 Cor. 12-14. La enseñanza y otros dones deben ser enfatizados en la iglesia. El énfasis debe estar en dones que edifican o benefician a otros. Esto es amor. El énfasis pervertido de un don que beneficia sólo al individuo es usado y ejercitado con egoísmo.

Siendo que tenemos al Espíritu ayudándonos en nuestras oraciones (Rom. 8:26), ¿pretende mejorar Su ministerio a través de las lenguas? Ningún creyente precisa más ayuda. La idea de que necesitamos un don de lenguas para una mejor comunión con Dios niega la suficiencia de la justificación en Cristo y obliga un paso extra para tener comunión perfecta con Dios. Además la provisión del don de interpretación indica que las lenguas no tienen propósito en el uso privado o aislado.

El énfasis en el don de lenguas no trae como resultado una iglesia espiritual, como es evidente en la iglesia de Corinto. El don es para un ministerio hacia otros, no hacia uno mismo, tal como todos los otros dones.

SECCIÓN III

DESCUBRIMIENTO DE SU DON

El PROCEDIMIENTO PARA DESCUBRIR SUS DONES:

En las siguientes páginas encontrará tres pasos para descubrir su don o dones. No tenemos ningún procedimiento bíblico a seguir para descubrir su don espritual, pues la única referencia en el N.T. involucró el don de profecía en la ordenación de Timoteo (1 Tim. 4:14), identificando su don desde el principio de su ministerio.

Tal vez ésto pueda sugerir que otras personas pueden ser un instrumento para ayudarnos a identificar nuestros dones y áreas de servicio. Pero también es obvio la importancia de otros al motivarnos a seguir sirviendo al Señor en el área de nuestro don. Así es como debemos continuar animándonos los unos a los otros (Heb. 10:24-25).

Tome los tres pasos, completando los cuestionarios y resumiendo el resultado en los formularios provistos. Los tres pasos de los cuestionarios son:

1. Sus propias preferencias y convicciones
2. Las opiniones de otros sobre sus capacidades en el ministerio
3. Una encuesta sobre su experiencia hasta hoy

La suma de las tres fuentes de información revelará una buena indicación de su don o do-nes. No queremos decir que el procedimiento es absolutamente válido , pero por lo menos le ayudará a llegar a algunas conclusiones, o a la confirmación del área de su ministerio futuro.

PREGUNTAS REFERENTES A SUS PROPIAS CONVICCIONES

Introducción: Hay cinco principios que Dios usa para identificar y ejercer sus dones:
1) Dios honra sus deseos personales.
2) Una convicción creciente de involucrarse en alguna obra puede mostrarle que Dios le ha dado un don necesario para tal obra.
3) Lo que uno quiere hacer para el Señor, cómo quiere servirle si pudiera llevar a cabo su deseo, frecuentemente es un indicador de su don.
4) Las necesidades que se ven en la iglesia o en otras vidas son áreas de ministerio donde funcionan ciertos dones. ¡Las necesidades que uno percibe son áreas de sus propios dones!
5) Existe una tendencia de ser atraídos por líderes con dones parecidos a sus propios dones. El evangelista va a atraer personas con el don de evangelismo; el maestro va a atraer personas con el don de enseñanza.

Cuestionario #1

Llene la siguiente encuesta honestamente (es decir, conteste de acuerdo con las cosas que se aplican a su vida)

1. Si pudiera llevar a cabo cualquier cosa (secular o espiritual) que desearía hacer ¿qué haría?

2. Aunque es posible que no posea algunos de los dones siguientes, escoja en la página siguiente en orden de preferencia tres de los dones que le gustaría tener (1°, 2°, 3°).

__ Evangelismo	__ Maestro	__ Sabiduría
__ Discernimiento	__ Misericordia	__ Pastor
__ Fe	__ Administración	__ Exhortación
__ Ayudas	__ Servicio	__ Repartir, Dar
__ Gobernar, Presidir		

3. Si tuviera la capacidad de hacer lo que quisiera, utilizando uno o más de los dones escogidos en la pregunta #2, ¿cómo planearía su trabajo para el Señor?

4. "En mi experiencia pasada con Dios, he hecho las siguientes promesas (en público o privado)":
   (Dónde o cuándo fue tomada la decisión, y cuál fue la esencia de la promesa)

   A.

   B.

   C.

5. "Tengo una convicción creciente en mi mente y en mi corazón de que . . ."

   a. "Debo involucrarme en tal ministerio" ¿cuál ministerio? _____

   b. "Hay una necesidad especial que yo podría suplir" Descríbala._____

   _____

   c. ¿Con qué don se relacionaría esta convicción?_____

6. Tal vez diga, "Estoy seguro que Dios definitivamente me ha llamado a un ministerio específico."

   a. ¿Qué razones tiene para estar seguro con respecto a su llamamiento? (Describa cómo, cuándo o cualquier circunstancia que se relacione con su llamado)

b. Describa el don o dones que piense que son necesarios para este ministerio.

c. ¿Cuáles de los dones me mencioné arriba, se relacionan mejor con su personalidad y sus capacidades?

7. "Ahora estoy en una situación en la Iglesia_____ en la cual hace mucha falta el don de _____."

a. Brevemente describa la situación en la iglesia como Ud. la ve.

b. Escriba los dones que cree son necesarios para un ministerio que usted piense importante y ¿por qué?

c. ¿Puede ver estos dones manifestándose en algunos de los que están relacionados con la situación? Si la repuesta es afirmativa, escriba sus nombres al lado de los dones.

d. ¿Piensa que Dios puede desarrollar algunos de estos dones en Ud.? (Esto es algo importante si no ve a alguien que posiblemente tenga este don).
   ❏ Sí   ❏ No   ❏ Lo dudo   ❏ No estoy seguro

e. ¿Está dispuesto a ser el medio o canal para este don necesario?
   ❏ Sí, definitivamente   ❏ Sí, si nadie más puede   ❏ Prefiero que otro tenga este don

8. ¿Ha dicho (o aun pensado) la siguiente frase (o un equivalente) con respecto al ministerio de otros?

a. "Quisiera poder ser como _____"(Nombre a alguien)"

b. Si es así, describa lo que le hizo decir esto con respecto del otro creyente o ministerio.

c. ¿Qué ministerio o dones son demostrados por este creyente mencionado arriba?

9. Los dones que poseen los creyentes que más respeto o por quienes me siento atraído debido a su contribución a la obra de Dios son. . . . (Elija en orden de preferencia: #1, #2, #3, etc)

__ Evangelismo	__ Maestro	__ Sabiduría
__ Discernimiento	__ Misericordia	__ Pastor
__ Fe	__ Administración	__ Exhortación
__ Ayudas	__ Servicio	__ Repartir, Dar
__ Gobernar, Presidir		

10. Si pudiera asociarme con un creyente para tener más experiencia y una preparación especial en términos del don (es) que él posee, . . .

a. "Escogería a _____"(escriba el nombre)

b. "Escogería el siguiente ministerio _____"(descríbalo)

c. Pero tal vez Ud diga: —No conozco a nadie, ni tampoco conozco algún ministerio que sea especial para mí. Lo que yo quiero hacer es único" Descríbalo:_____

_____

d. ¿Qué capacidades o dones espirituales de tal persona me atraen? _____

Análisis del Cuestionario sobre sus propias convicciones

Paso	Procedimiento
1.	Llene los espacios provistos para examinar sus repuestas a las preguntas ya hechas.
2.	Después de llenar todos los espacios, escriba donde dice RESUMEN cualquier don que haya aparecido dos veces o más .

FORMULARIO QUE EXPRESA SUS POSIBLES DONES EN RELACIÓN A SUS PROPIAS CONVICCIONES.

PRINCIPIO	**Use las respuestas a la(s). . .**	**Escriba los dones reflejados**
Dios honra los deseos personales.	Preguntas 1, 2, 3, 4	
Una convicción creciente puede indicar un don.	Pregunta 5	
Lo que uno quiere hacer para el Señor—un ministerio específico—puede indicar un don.	Pregunta 6	
Las necesidades que ve en sus circunstancias presentes, en las que hace falta que alguien se involucre, pueden indicar su don	Pregunta 7	
Los líderes atraen a personas que luego ejercitarán el mismo don que el líder posee.	Preguntas 8, 9, 10	

RESUMEN: Escriba los dones que aparecen arriba más de dos vecés :

_____

_____

FORMULARIO PARA LA CONFIRMACIÓN DE SUS DONES ES-PIRITUALES POR LA OPINIÓN DE OTRAS PERSONAS.

Análisis de los dones de _____

Contestado por _____
__ Líder de su iglesia
__ Amigo
__ Un Director del Instituto Bíblico
__ Otro (explique la relación)

Nos referiremos a los siguientes dones en las próximas preguntas. Haga el favor de repasar las definiciones para recordarlas y usarlas en el sentido en que las hemos estudiado.

____ Evangelismo	____ Maestro	____ Sabiduría	
____ Discernimiento	____ Misericordia	____ Pastor	____ Fe
____ Administración	____ Exhortación	____ Ayudas	____ Servicio
____ Repartir, Dar	____ Gobernar, Presidir		

Use su conocimiento y su experiencia con la persona mencionada en el encabezamiento para contestar lo siguiente:

1. Marque con una "C" cualquier don de la lista que definitivamente Ud. considere es **CIERTO** que la persona posee.

2. Marque con una "P" cualquier don de la lista que piense que existe la **POSIBILIDAD** de que lo tenga.

3. Marque con una "F" cualquier don de la lista que le haya observado utilizar de manera **FRUCTIFERA** (puede volver a marcar dones ya marcados).

4. Con referencia a cada don que Ud. marcó con una "C" (*Cierto*), explique por qué está seguro que esta persona lo posee:

5. Con referencia a cada don que Ud. marcó con una "P" (*Posibilidad*), explique por qué siente que este don es una posibilidad:

6. Con referencia a cada don que Ud. marcó con una "F" (*Fructífero*) explique de qué forma se manifiesta el fruto.

7. ¿Cuál don, de los que marcó, cree Ud. que debe ser la prioridad de esta persona? ¿Por qué?

8. ¿Qué le diría a esta persona sobre cómo puede desarrollar o usar mejor su don en la iglesia?

Por favor, marque SU DON con una "**M**" (*Mío*). Puede marcar más de uno, dado el caso.

BREVES DEFINICIONES
DE LOS DONES VIGENTES
DEL ESPÍRITU SANTO

EVANGELISMO — El don de evangelismo es la capacidad de presentar el evangelio públicamente y en privado por varios métodos con el resultado de ver personas aceptar a Cristo y empezar los pasos de discipulado.

PASTOREAR — El don de pastor es la capacidad de ejercer influencia sobre un grupo de tal manera que él puede guíar el grupo hacia una meta o propósito, con la capacidad de tomar decisiones por el grupo, de protegerlo del error, y de compartir la Verdad — primordialmente por su testimonio — hasta producir la madurez de las personas que lo integran, es decir, la imagen y carácter de Cristo.

MAESTRO — El don de maestro es la capacidad de instruir, explicar o presentar la Palabra, de tal forma que hace que los creyentes en la Iglesia entiendan las Verdades Bíblicas y las apliquen a sus vidas, y que los incrédulos entiendan el evangelio.

SABIDURIA — El don de sabiduría es la capacidad de aplicar los principios de la Palabra a situaciones específicas. Puede explicar la mente y propósito de Dios para nuestros problemas y vidas.

EXHORTACION — El don de exhortación es la capacidad de animar a las personas a actuar en base a la aplicación de la Palabra de Dios, o de estimular a otros con la Palabra de tal manera que deseen seguir al Señor, o consolar a otros por la aplicación de la Palabra a sus necesidades.

DISCERNIMIENTO — El don de discernimiento es la capacidad de distinguir analíticamente lo verdadero de lo falso, en términos de la Verdad ya revelada o los principios encontrados en ella. Es la capacidad de juzgar entre lo que es bueno y malo.

FE — El don de fe es la capacidad de reconocer lo que Dios va a hacer en situaciones específicas, y una confianza en Él hasta que cumpla exactamente lo que ya se sabe que El hará.

REPARTIR, DAR — El don de repartir es la capacidad de dar generosamente para suplir las necesidades de otros, pero con motivos puros, al sentir que repartir es simplemente compartir lo que Dios le ha provisto para cumplir el propósito de Dios en el mundo.

MISERICORDIA — El don de misericordia se refiere a la capacidad de sentir compasión por los que están en necesidad (especialmente los que sufren o están en miseria), y de manifestarla en formas prácticas con el mismo espíritu de alegría que los anima y estimula .

ADMINISTRACIÓN — El don de administración es la capacidad de organizar proyectos, planes, metas y trabajos en forma sistemática y en términos alcanzables para ayudar al grupo a llevar a cabo una obra.

GOBERNAR, PRESIDIR — Este don es la capacidad de dirigir, guiar y tomar la responsabilidad de la dirección de un proyecto, motivando a la gente a cumplir sus deberes y responsabilidades para con el Señor.

AYUDAS, SERVICIO — El don de ayudas se refiere a la capacidad de suplir las necesidades de otros por medio del servicio práctico, especialmente para beneficiar a los líderes de la obra de Dios de modo que tengan más tiempo para dedicar al ministerio y estudio de la Palabra.

Encuesta sobre su Propia Experiencia

Instrucciones: A lado de cada declaración hay un espacio para marcar si la frase expresa su experiencia o no. Si es verdad con respecto a su experiencia o sentir ponga una "x" en el espacio en blanco. Al terminar la encuesta, cuente el número de declaraciones con las cuales se identifica en cada categoría, para determinar su mayor interés y experiencia. Marque lo que ha hecho, no lo que sueña con hacer.

__1. He influenciado a un buen número de personas para que llegaran a ser creyentes.

__2. He hecho encuestas evangelísticas y he testificado casa por casa, y en ambas situaciones he visto decisiones para salvación.

__3. He participado en el desarrollo y planeamiento de campañas evangelísticas.

__4. Tengo la facilidad de cambiar naturalmente las conversaciones con individuos, llevándolos hacia compartir un testimonio.

__5. He invitado a personas a varias actividades evangelísticas, con el resultado de que mi participación ayudó a que algunos decidieran aceptar a Cristo.

__6. Sé usar un método para presentar el plan de salvación, por ejemplo: "El Puente," "El Camino de Romanos," "Las 4 Leyes Espirituales," o "Evangelismo Explosivo."

__7. He orado específicamente por varias personas, y las he visto llegar a conocer a Cristo.

__8. He escrito cartas a personas a las cuales les testifiqué de Cristo.

__9. He sido el predicador principal en campañas evangelísticas.

__10 He visto a personas tomar decisión cuando hago una invitación en público.

__11. He usado folletos o libritos con muchas personas, y he visto a varias de ellas aceptar a Cristo.

__12. He compartido con otros mi testimonio de conversión o la obra de Dios en mi vida.

__13. No hay nada que me satisfaga tanto como compartir el evangelio con incrédulos.

__14. He ayudado a pobres o mendigos en algún programa relacionado con la iglesia.

__15. He ayudado a las personas incapacitadas físicamente, y he podido animarlas.

__16. He estado involucrado en una programa de alfabetización u otro programa educativo, para ayudar a los niños o adultos necesitados.

__17. He llevado canastas de comida a los pobres.

__18. He trabajado regularmente con alcohólicos, he llegado a simpatizar con ellos y he ayudado a algunos a recuperarse.

__19. He servido como el encargado o supervisor de una casa de huérfanos.

__20. He estado involucrado en un programa de rehabilitación para presos, y mi influencia ha ayudado a algunos.

__21. He estado involucrado en ayudar a aconsejar y rehabilitar a algunos drogadictos.

__22. He ayudado a chicas embarazadas a enfrentar sus problemas, y he visto a algunas arreglar sus vidas para el Señor.

__23. Cuando oigo que alguien está en el hospital quiero llevarle un poco de ánimo y alegría.

__24. Me resulta fácil expresar ánimo en presencia de aquellos que están sufriendo físicamente.

__25. A menudo pienso en formas de ministrar y ayudar a los que están sufriendo físicamente.

__26. Cuando visito a los que están sufriendo físicamente, me dicen que sienten gozo por mi visita.

__27. Mi iglesia me ha pedido que hable en público sobre un tema importante para la iglesia.

___28. He experimentado que cuando hablo, muchas personas me escuchan.

___29. Ha sido mi experiencia repetida amonestar a un grupo cuando había algo mal, por lo cual he querido enfrentar la situación en vez de dejarla pasar por alto.

___30. Me doy cuenta de que no me gusta hablar si no estoy convencido de que mi mensaje es precisamente lo que otros necesitan oir.

___31. Otras personas me han dicho que siempre parece que sé si algo está bien o mal.

___32. A menudo otros me buscan para obtener mi consejo en cuanto a sus problemas personales.

___33. Trato de dar una palabra de ánimo a las personas que me rodean y creo que las animo.

___34. Ayudar a alguien con graves problemas personales es un gran desafío.

___35. Para mí es fácil tratar con personas que están deprimidas o desanimadas y me da gozo en lo que pueda ayudar.

___36. Estoy seguro de que algunas vidas en mi iglesia han sido cambiadas porque han seguido mis consejos, formados en principios bíblicos.

___37. He leído varios libros sobre aconsejamiento para poder entender y ayudar mejor a los demás.

___38. Mi meta es perfeccionar mi capacidad para comunicar las verdades bíblicas en público. Quiero predicar.

___39. Prefiero anunciar la aplicación de la Palabra en vez de tomar tiempo para explicar cada detalle.

___40 Frecuentemente soy el que anima a un grupo a empezar una acción, especialmente cuando están indecisos.

___41. He enseñado en la Escuela Dominical regularmente, y sé que mi enseñanza ha cambiado varias vidas.

___42. He enseñado regularmente a un grupo pequeño y puedo identificar a varias personas que han aplicado mis enseñanzas a sus vidas.

___43. He leído la Biblia completamente varias veces.

___44. He dado discursos en los que he mantenido la atención de grupos por 50 minutos o más.

___45. He dirigido debates de tal manera que algunos individuos han descubierto verdades por sí mismos.

___46. He enseñado en una conferencia bíblica a un grupo o iglesia.

___47. He planificado mi enseñanza para lograr metas específicas y he evaluado mis enseñanzas por su efectividad.

___48. He sido llamado por varios grupos fuera de mi iglesia para enseñarles algunos temas.

___49. Repetidamente he recibido comentarios de agradecimiento después de una clase en la cual participé para clarificar algún punto o presentar una enseñanza.

___50. En mis estudios he tratado de aprender todo lo que está a mi alcance para mejorar mis capacidades de comunición y las técnicas de presentación de mis clases.

___51. He tratado de usar una variedad de métodos para comunicar verdades con eficacia.

___52. Me han dicho varias personas que debiera tener un ministerio de enseñanza, y me gustaría.

___53. Me siento motivado para estudiar horas, si es necesario, con el propósito de prepararme para enseñar.

___54. Cuando estoy estudiando, mi motivación es: "debo aprender esto para enseñarlo a otros."

___55. Mi gozo es poder compartir con los demás creyentes cuál es el significado de un versículo o pasaje difícil.

___56. Siento una tremenda responsabilidad por entender y guardar fidelidad a lo que el texto dice.

___57. Me siento incómodo cuando escucho que un predicador pasa por alto el sentido literal o práctico de un versículo.

__58. Puedo hacer investigaciones profundas, estudios de palabras o exposiciones de pasajes, versículo por versículo, durante horas, sin cansarme.

__59. Me encanta el estudio de Job, Salmos y Proverbios, de tal manera que son casi la forma en que pienso. Puedo sacar principios de ellos para la vida actual.

__60. Frecuentemente mi experiencia con grupos ha sido que puedo ver lo que se debe hacer, y puedo comunicarlo y mostrar principios bíblicos.

__61. Otros me han dicho que han aplicado algo que he dicho de la Biblia con respecto a algún problema o decisión en su vida.

__62. Varias personas con la creencia de que voy a saber qué hacer, me han preguntado qué principio bíblico se aplica a una situación .

__63. Me es fácil comparar eventos o situaciones contemporáneas con principios bíblicos y formar respuestas a las inquietudes de hoy.

__64. Cuando tengo libertad en una lección de Escuela Dominical prefiero pensar en una aplicación original para la lección.

__65. Cuando hablo en público, tiendo a dar perspectivas bíblicas en cuanto a cómo conocer y hacer la voluntad de Dios.

__66. Frecuentemente he podido recordar muchos pasajes a través de toda la Biblia que tienen que ver con un tópico especial.

__67. Me es fácil analizar lo que una persona dice en comparación con la Biblia.

__68. Frecuentemente me han dicho que tengo la capacidad de llegar al corazón de una situación o de una discusión, hallando la raíz del problema.

__69. Aunque yo no diga nada, estoy preocupado por muchos ministerios públicos, porque me doy cuenta fácilmente de malas interpretaciones o aplicaciones erradas de verdades bíblicas. Me parece que no les preocupa a los demás.

__70. Frecuentemente capto sutilezas en libros religiosos que podrían causar problemas si no las descubriera.

__71. Siento una gran responsabilidad cuando percibo que algo no es correcto, especialmente cuando otros no parecen entender.

__72. En general, tiendo a ser correcto cuando detecto una debilidad o falencia al evaluar enseñanzas bíblicas en otros oradores.

__73. Tiendo a ver, a través de las acciones de otros, sus motivaciones reales y actitudes interiores.

__74. Varias veces he hecho una "oración de fé", y he visto a Dios contestando mis oraciones. Sé que me contestará las demás oraciones.

__75. A veces en mi Hora Silenciosa y estudios bíblicos, he sido convencido por Dios de que me quería dar algunas promesas para ciertas situaciones. Lo he creído y he visto muchas promesas cumplidas.

__76. La mayoría de mis oraciones son específicas porque quiero reconocerlos cuando sean contestadas.

__77. La gente frecuentemente me pide que ore por alguna situación, pues piensa que mis oraciones son contestadas.

__78. He leído los acontecimientos bíblicos cuando Dios obró milagrosamente por Su Pueblo, y siento el ánimo de confiar en El en medio de situaciones difíciles, tanto en mi vida, como en la de mi iglesia.

__79. Cuando se presentan problemas mi inclinación natural es confiar en Dios sin sentir frustración, mientras que otras personas en mi iglesia están ansiosas de analizar y solucionar los problemas por medios humanos.

__80. Ha sido mi experiencia el ser instruido por Dios con una idea clara de lo que El quería hacer en una situación. Cuando nadie más podía ver el resultado, fue fácil ver lo que Dios iba a hacer.

__81. Cuando pienso en los planes para el futuro de mi iglesia, tiendo a pensar en el fin o resultado, en vez de los detalles necesarios para llegar.

__82. Tengo mucha motivación y energía para pasar mucho tiempo en oración. Mantengo listas de peticiones que presento delante del Señor diariamente.

__83. He visto a Dios hacer cosas poderosas en mi vida, que otros creyentes decían que no se podían hacer, porque yo creía que El lo haría.

__84. Cuando la gente dice que algo no se puede hacer o es imposible, siento el desafío de creer y confiar en Dios hasta que se realiza verdaderamente.

__85. A veces he dado dinero para ayudar a otros con medios que yo necesitaba. Algunos habrían dicho que era "una locura" si lo hubieran sabido.

__86. Cuando observo necesidades físicas o espirituales, tiendo a responder con mi propia iniciativa para tratar de suplirlas si puedo.

__87. Con el fin de poder dar más para la obra de Dios, he podido sobrevivir sin lujos que otros consideran necesarios .

__88. Dios siempre está mostrándome necesidades financieras de las personas de la iglesia (muchas veces sin intención de las personas).

__89. Consistentemente he dado más de la décima parte de mis ingresos a la obra.

__90. Con respecto a las finanzas, he podido hacer inversiones sabias que han dejado un margen de ganacias por encima de nuestras necesidades familiares, permitiendo así que comparta mis bienes.

__91. Tiendo a querer asegurarme de que el dinero que doy será usado sabiamente.

__92. Mi motivación de trabajar duramente es poder dar para suplir las necesidades de la obra de Dios.

__93. Tiendo a desear resultados positivos y de alta calidad en los proyectos donde pongo mis esfuerzos y dinero.

__94. No busco, ni necesito, reconocimiento público por lo que puedo ayudar. Es suficiente saber que los fondos son apreciados y que son usados sabiamente para la gloria del Señor.

__95. He servido como superintendente u otra posición que requiere mi capacidad para organizar.

__96. En los planes para el futuro de mi iglesia, estoy dispuesto a hacer los detalles para llevar a cabo sus planes.

__97. Tiendo a hacer una crítica de los creyentes que no son disciplinados y bien ordenados.

__98. En una organización, prefiero ser el líder.

__99. En una reunión que no tiene un líder asignado, los demás tienden a constituirme en líder.

__100. Me han llamado varias organizaciones o comités para solucionar sus problemas administrativos en relación con mi iglesia.

__101. He estado encargado de varios programas que requirieron habilidades administrativas u organizativas.

__102. Cuando me piden que haga un proyecto, tiendo a querer terminar lo que estoy haciendo antes de comenzar algo nuevo.

__103. Tiendo a tomar decisiones fácilmente y con confianza.

__104. He servido como tesorero, secretario u otra posición en mi iglesia.

__105. Tiendo a ser más sensible a la dirección general de la organización, que a las opiniones de individuos.

__106. Soy capaz de trabajar con mis manos y me gozo en mantener en buen estado las propiedades o equipos de la iglesia.

__107. Puedo arreglar casi cualquier cosa y con mucho gusto he usado mi experiencia para ayudar a los miembros de la iglesia que me necesitaron.

__108. Me agrada hacer un trabajo, doméstico o no, especialmente si sé que ayudaría a otro miembro para ejercer su don en la iglesia.

__109. A menudo soy el primer voluntario para hacer algo que el pastor dijo que era necesario en la iglesia.

__110. Me da gozo tener huéspedes en mi casa, aunque no hayan avisado de su visita, si sé que los estoy ayudando.

__111. Cuando se presenta una necesidad, prefiero algo que no requiera muchos detalles de organización o burocracia.

__112. En una organización, prefiero estar bajo el liderazgo de otro.

__113. Cuando me dan una tarea, prefiero hacerlo yo mismo, en vez de delegarla a otro.

__114. Generalmente tengo mucha energía y satisfacción trabajando para satisfacer las necesidades prácticas de otros.

__115. En este momento estoy sirviendo como pastor o líder de una iglesia.

__116. En este momento estoy sirviendo como uno de los dirigentes de mi iglesia.

__117. En este momento soy responsable del beneficio y el estado espiritual de una iglesia o un grupo de personas.

__118. Me encuentro contento al aceptar la responsabilidad de discipular y vigilar la vida de otros.

__119. En mi experiencia de controlar un grupo de nuestra iglesia, he podido evitar problemas porque analicé las posibles consecuencias y escogí la mejor decisión.

__120. Creo que el ejemplo de mi vida cristiana ha tenido un impacto en el grupo por el cual siento responsabilidad espiritual.

__121. Me gusta ser la "última palabra" o asumir la dirección de un grupo.

__122. En mi iglesia frecuentemente me llaman para escuchar problemas de individuos, porque mi consejo es generalmente equilibrado y bueno para el grupo.

__123. Personalmente he discipulado a varias personas del grupo del cual soy responsable, de tal manera que su progreso hacia la madurez es evidente.

__124. Soy considerado por algunas personas en mi iglesia como un líder espiritual.

__125. Varias veces he motivado grupos de personas hacia una meta o a llevar a cabo planes que yo hice.

__126. Soy una de las personas más interesadas en el progreso espiritual de mi iglesia, y por medio de mi influencia puedo hacer algo al respecto.

__127. Frecuentemente sé lo que se tiene que hacer en una situación cuando los demás están indecisos.

__128. Una gran motivación que tengo es ayudar a otros a aplicar principios bíblicos a sus vidas, porque primero me han servido mucho.

__129. Otros me han dicho que tengo la capacidad de comunicar la Palabra de Dios de una manera interesante y que llega a tener un impacto en sus vidas.

__130. Me encanta el desafío de alentar a las personas que parecen derrotadas o desanimadas. Amo a la gente.

CÓMO USAR LA ENCUESTA DE SU PROPIA EXPERIENCIA

PASO   **PROCEDIMIENTO**

1. Reconozca que las preguntas dadas no son todas las que se pueden hacer. Son apenas representativas. Posiblemente al modificarlas un poco describirían más exactamente su experiencia. Tenga la libertad de modificar o sustituir elementos de las preguntas siempre que impliquen el mismo tipo de expresión.

2. Si ha tenido alguna experiencia en el servicio al Señor podría haber marcado varias descripciones de cada don. Acuérdese que debía marcar lo **que es** su experiencia, **no lo que espera** que sea su experiencia.

3. Nótese que las preguntas se agrupan de las siguiente forma:

Preguntas	Dones
1-13	Evangelismo
14-26	Misericordia
27-40	Exhortación
41-58	Maestro
59-65	Palabra de Sabiduría
66-73	Discernimiento de Espíritus
74-84	Fe
85-94	Repartir, Dar
95-105	Administración, Presidir
106-114	Ayudas, Servicio
115-130	Pastorear

4. Ponga el número de preguntas que ha marcado en cada categoría:

   _____ de 14 de Evangelismo
   _____ de 13 de Misericordia
   _____ de 14 de Exhortación
   _____ de 18 de Maestro
   _____ de 7 de Palabra de Sabiduría
   _____ de 8 de Discernimiento de Espíritus
   _____ de 11 de Fe
   _____ de 10 de Repartir o Dar
   _____ de 11 de Administración o Presidir
   _____ de 9 de Ayudas o Servicio
   _____ de 16 de Pastorear

5.   Escriba abajo el resumen de cualquier don en que marcó más de la mitad de las preguntas. Sin no tiene un don con **más de la mitad** entonces escriba los dos dones con el porcentaje más alto de las preguntas que ha marcado.

_____   _____

Sección IV

CÓMO DESARROLLAR

SU DON

Cómo Desarrollar Su Don

Hay cuatro pasos necesarios para asegurar el aprovechamiento de su estudio de los dones:
1. Identificar su don.
2. Determinar un plan para desarrollar su don.
3. Escoger un área de servicio para el Señor y para el beneficio de otros.
4. Usar su don para ver si en verdad el Espíritu le da la energía y bendición de Su obra en su vida.

Al terminar la Sección IV, debe tener una lista de sugerencias a seguir para desarrollar su don. Además, debe tener una lista de diversas actividades en donde puede usar su(s) don(es).
Antes de comenzar con las sugerencias para desarrollar sus dones, tenemos que explicar algunas cosas. Primero, ninguna de las sugerencias es imperativa, ni es la única posibilidad en cuanto a cómo desarrollar su(s) don(es). Acéptelas como *algunas* sugerencias entre muchas otras posibilidades.

El hecho de tomar algunos pasos para desarrollar su don no implica que no esté confiando en el Espíritu Santo. En todas las sugerencias incluídas en este estudio, asuma que está confiando en el Espíritu con respecto a su don y a cómo desarrollarlo lo mejor posible para la gloria de Dios.

CONFÍE EN QUE EL ESPÍRITU SANTO LE DIRIJA EN UN PLAN PARA DESARROLLAR SU DON PARA SU GLORIA.

Debe considerar el ejercicio de su(s) don(es) como el ministerio más significativo e importante de su vida. Por lo tanto, desarrollarlo(s) y usarlo(s) debe tener una prioridad máxima en las metas de su vida.

Las sugerencias no son para las personas que están trabajando en el ministerio en tiempo completo. Obviamente la persona que tiene la oportunidad de trabajar en tiempo completo tiene una gran ventaja para desarrollar su(s) don(es); pero para la mayoría de las sugerencias no se necesita un trabajo cristiano de tiempo completo.

Las sugerencias están orientadas hacia el uso. Requieren planes a largo plazo y disciplina para cumplirlas. Sin embargo, le aseguran que con un plan de desarrollo su don será más beneficioso para el cuerpo de Cristo .

ADVERTENCIA: No se desanime cuando lea algunos procedimientos y disciplinas, especialmente las sugerencias que tratan sobre el dominio de la Biblia. Recuerde: algo hecho poco a poco durante toda una vida logrará mucho. ¡Lo que vence es la constancia! El éxito es seguro con la formula siguiente = Gente común + Tiempo + Disciplina.

NOTA: Parece ser que algunos dones no tienen desarrollo. Los dones de señales, si existieran, no tienen desarrollo, sino que aparecen en forma completa desde la primera manifestación. ¡No se puede sanar parcialmente o a medias! Otros dones que son difíciles de desarrollar (ayuda, misericordia, presidir o gobernar) tienen que ver más con **la actitud del individuo.** En vez de actuar de manera egoísta manifieste un espíritu de servicio para beneficiar a otros. Por esta razón este estudio no tendrá sugerencias para el desarrollo de estos dones.

NOTA$_2$: La razón de que ciertos dones requieran desarrollo es que el don es una "energía" (*operaciones* en 1 Cor. 12:6). Esto quiere decir que Dios nos da la energía para servir a otros en cierta área. El perfeccionamiento del don o ministerio viene a través del entrenamiento y equipamiento de líderes constituídos por Dios (Ef. 4:11-12).

El DON DE EVANGELISMO

INTRODUCCION: No hay un don que produzca más gozo y alegría tanto en el cielo como en la tierra como el don de evangelismo. Llevar nuevas personas al Cuerpo de Cristo produjo gran esperanza, gozo o corona (2 Tes. 2:19) en la vida del apóstol Pablo.

Como en todos los dones, hay una gran variedad de manifestaciones de este don. Siendo el propósito de la iglesia evangelizar al mundo, parece que hay un gran porcentaje de creyentes que tienen el don o la gracia para evangelizar en una forma u otra. El problema es cómo desarrollarlo luego en otros creyentes para que la iglesia cumpla con su tarea de evangelizar el mundo. Los estudios en diferentes iglesias por la implementación del Evangelismo Explosivo revelan que, por lo menos, 10% de la membresía de una iglesia tiene el don de evangelismo. Los que tienen el don son dados a la iglesia para mostrar y motivar a los demás en cuanto a cómo debemos servir al Señor (Ef. 4:12).

Los dos dones que requieren desafío y motivación constantes para ejercitarlos son Repartir y Evangelismo. Tal vez sea porque nos cuestan más que los otros dones y más probablemente porque son las dos áreas donde Satanás ataca más. Lo interesante es que son los dones que producen resultados más rápidos y que producen más gozo en la persona.

PROCEDIMIENTOS con SUGERENCIAS

1. ASEGURESE DE QUE ENTIENDE BIEN LOS PASOS ESENCIALES PARA LA SALVACION.

a. Haga estudios para aclarar su comprensión de la salvación.

b. Estudie los pasajes en Hechos donde algunos individuos se estaban confrontado con el evangelio.Anote como reaccionó, qué resultado tuvo. Note el progreso del evangelio.

2. EMPIECE UN PROGRAMA DE EVANGELISMO. EMPIECE CON FORMAS SIMPLES, SIN RIESGOS, Y AVANCE HASTA EVANGELIZANDO A TRAVÉS DE ENFRENTAMIENTOS.

a. Únase a un grupo o a un equipo en su iglesia que esté interesado en evangelizar.

b. Empiece a orar en serio por personas específicas.

c. Aprenda a dar su testimonio como una herramienta del evangelismo.

d. Aprenda a presentar el plan de salvación a alguien en la iglesia que responda a la invitación de recibir a Cristo. Dígale a su pastor que quiere ser consejero.

3. APROVECHE LOS PROGRAMAS DE ENTRENAMIENTO OFRECIDOS POR EL INSTITUTO BIBLICO O POR OTRAS IGLESIAS.

a. Pídale a su pastor que le enseñe a ganar almas.

b. Hay varios libros que muestran métodos para evangelizar.

1) Estudie un método, luego salga a practicarlo.
2) Luego domine otro método y practiquelo también.
3) Después de dos o tres métodos se puede elegir o adoptar lo que mejor concuerda con la situación, sus capacidades y su tiempo.

4. ASEGÚRESE DE QUE RECIBA EXPERIENCIA A TRAVES DE UN EQUIPO DE EVANGELISMO O DE UN INDIVIDUO CON EL DON DE EVANGELISMO.

a. Puede adaptarlo a sus propias necesidades ya que sabe lo que va con su personalidad.
b. Acuérdese que el objetivo mayor del don de evangelismo es motivar a otros a ejercitar la "obra del ministerio" en el área de evangelismo.
c. El denuedo por evangelizar viene al ser lleno del Espíritu. No es natural a la carne.

5. INTERESESE EN LAS PERSONAS A SU ALREDOR

a. Lea los evangelios y note el interés de Jesús y de los apóstoles en las personas como individuos.
b. Lea libros que desarrollen la prioridad de discipulado del nuevo creyente.

El DON DE PASTOR-MAESTRO

INTRODUCCION: Al leer los libros de Reyes y de Crónicas el estudiante se da cuenta de que el liderazgo determina el rumbo de la nación, la iglesia y la familia. Si el líder es un hombre de Dios, la nación (iglesia y familia) progresará espiritualmente; si es débil espiritualmente, entonces sufren todos los que están bajo él. Dios reconoce la necesidad de liderazgo en la iglesia y su provisión para ella es el don de Pastor-Maestro. El don de Pastor tiene su foco de atención en la iglesia local. Si hay iglesias débiles o muertas espiritualmente, puede ser que sea porque sus líderes no están cumpliendo su ministerio.

PROCEDIMIENTOS con SUGERENCIAS

1. HAGA UN ESTUDIO DE LOS PASAJES QUE TRATAN SOBRE LIDERAZGO PARA CONOCER LA NORMA DE DIOS PARA SU MINISTERIO

a. Vea la página de pasajes sobre liderazgo
b. Pídale a Dios que reproduzca en su vida los principios sacados de su estudio .
c. Memorice versículos claves sobre el liderazgo: Prov. 11:14; 22:3; Hch. 20: 20-28; 1 Tes. 5:12,13; Gál. 5:1, 2; Heb. 13: 7, 17.

2. DESARROLLE UN ENTENDIMIENTO CLARO SOBRE LA IGLESIA, SU NATURALEZA, SUS FUNCIONES Y SU PROCESO DE CRECIMIENTO

a. El principio de la "Vida del Cuerpo" debe ser bien entendido. Sería bueno ver una iglesia que haga énfasis en las funciones del Cuerpo.
b. Haga una lista de las responsabilidades del pastor hacia su iglesia. Póngalas en otra lista de prioridades.

3. HAGA UN ESTUDIO DE LOS REQUISITOS DEL ANCIANO (1 Tim 3; Tito 1) Y APLÍQUELAS A SU PROPIA VIDA (Nótese: hay 20 requisitos)

a. TIENE que ser un MODELO de cualidades.
b. Su influencia será proporcional a la medida en que refleje estas cualidades en su vida.

4. SEA UN BUEN ESTUDIANTE DE LA BIBLIA EN GENERAL, PERO DEBE DOMINAR POR COMPLETO ALGUNOS PASAJES

a. Vea los pasos 1-2 en el don de discernimiento.
b. Debe conocer profundamente las Epístolas
c. Entienda por completo los pasajes sobre liderazgo y el libro de Hechos.
d. Gran parte del respeto que le tengan en la iglesia estará basado en su conocimiento bíblico.

5. ESTUDIE LIBROS DE LA BIBLIA O DE OTROS QUE LE AYUDEN A SER CONSCIENTE DE LAS NECESIDADES DE OTROS.

a. El concepto de Pastor involucra el cuidado y la satisfacción de las necesidades de los demás.

b. Use los procedimientos 1-3 en el don de Exhortación.

6. ESTUDIE LAS BIOGRAFIAS DE LIDERES CRISTIANOS BUSCANDO PRINCIPIOS DE LIDERAZGO

a. Estudie caracteres de la Biblia como Abraham, José, Moisés, Elías, Samuel, Daniel, Pablo.

b. Lea otras biografías buscando principios.

c. Lea "Discipulos son Hechos, No Nacidos" por Walter Henrichsen, "La Medida del Hombre," por Gene Getz.

d. Lea la biografía de Juan Wesley, Lutero, Calvino, Spurgeon, David Brainerd, etc.

Hoja de PASAJES SOBRE LIDERAZGO

Texto	Mientras lee debe anotar:	Método de alcance
Mateo 18:15-29	Principios de disciplina	Investigue cómo aplican las iglesias la disciplina actual.
Hechos 20:17-38	Principios de liderazgo que Pablo siguió. Responsabilidades del líder.	Pida descripciones de sus responsabilidades de parte de su pastor o anciano.
1 Corintios	Responsabilidad de fundar y desarrollar iglesias. Principios para tratar con los problemas contemporáneos juicios, moralidad, divisiones, divorcio, abusos de dones, etc	Pida planes de los líderes para una obra de Dios empezando una nueva iglesia. Pida respuestas a problemas de la iglesia. La importancia de la disciplina.
2 Corintios	Principios de dependencia de la gracia para el liderazgo. Cómo vencer el desánimo en el liderazgo	Medite en cómo ser victorioso en medio de sufrimientos
Gál 6:1-10	Responsabilidad hacia las personas con problemas espirituales en su vida.	Pregúntele a su pastor cómo tratar con los problemas
Filipenses	Principios de motivación hacia otros para tratar con la unidad	Medite aquí como parte de sus Principios, la Hora Silenciosa.
Epístolas Pastorales	Principios fundamentales sobre liderazgoDefine las normas para Anciano, Obispo, Pastor	Averigüe cómo aplicar las normas del liderazgo.
Filemón	Cómo tratar un problema con alguien como caballero cristiano.	Lea esto como parte de su Hora Silenciosa tal como amabilidad,
1 Pedro 5:1-11	Advertencia contra el liderazgo dictatorial. El lugar de la humildad y la sumisión al liderazgo. Principios sobre cómo Dios forma a un hombre de Dios como José, Moisés, Josué, o David	Comparta con su Pastor o Anciano Estudie Mateo 20:20-28 Comparta con otros los principios que descubra

El DON DE MAESTRO

INTRODUCCION: El don de Maestro es el don vigente más elevado en la lista de los dones en 1 Cor. 12. Aparece en tres de las cuatro listas de dones (como profecía). El propósito del don es principalmente la madurez del cuerpo, porque el maestro tiene tanta influencia sobre otros que tiene que seguir escudriñando las Escrituras para asegurarse de que está enseñando la verdad. Debe ser rápido para cambiar su posición cuando ve que no es consistente con la totalidad de las Escrituras. Santiago 3:1 insinúa que los maestros van a recibir un juicio más severo por causa de su responsabilidad. 2 Pedro advierte contra los falsos maestros. Cualquier maestro puede ser un falso maestro en cierta área de sus enseñanzas o práctica (¡inclusive Pedro!). Hay que tener mucho cuidado en el ejercicio del don de maestro.

Aunque hay serias advertencias también hay grandes galardones. Es de gran bendición enseñar alguna verdad que Dios le haya mostrado y que ahora Ud. puede compartir con otros de tal manera que les transforme la vida. Este es el premio en el ejercicio del don de enseñanza o Maestro.

PROCEDIMIENTOS con SUGERENCIAS

1. ASEGÚRESE DE SABER LOS PRINCIPIOS DE HERMENÉUTICA PARA QUE LE GUÍEN EN SU ESTUDIO DE LA PALABRA
   a. Domine totalmente los principios de hermenéutica basados en el estudio histórico-gramatical de la Biblia.
   b. Se reconoce que los maestros operan en varios niveles del ministerio. Trate de ser cada año un mejor maestro en báse a su conocimiento bíblico.

2. COMIENCE UN PROGRAMA SISTEMATICO PARA DOMINAR POR COMPLETO TODA LA BIBLIA. RECUERDE QUE DEBE SER UN PERSEGUIDOR DE LA VERDAD. APROVECHE A CADA PROFESOR DE UN INSTITUTO BIBLICO HASTA QUE SEPA TODO LO QUE ELLOS LE PUEDAN COMPARTIR.

   a. Tome la determinación de llegar a dominar la Biblia completamente. Si le falta disciplina en su estudio, pídale a Dios un deseo de aprender y una capacidad para estudiarla. Domine el tema, contenido de capítulos y pasajes principales de cada libro y su relación con otros libros
   b. Consiga un programa de lectura para usar repetidamente y así familiarizarse con toda la Biblia (Hora Silenciosa o plan para leer la Biblia en un año)
   c. Haga un plan para estudiar totalmente un libro de la Biblia: dedíquese a 5-7 capítulos por mes. Siempre debe estar estudiando un libro de la Biblia.
   d. Practique haciendo su propio estudio de un pasaje antes de que vaya a un comentario u otros libros auxiliares.
   e. Use comentarios que sigan el método de interpretación histórico-gramatical en vez del alegórico.

3. TOME COMO PRIORIDAD APLICAR A SU VIDA PERSONAL CUALQUIER VERDAD QUE APRENDA.
   a. Sea consciente de que Dios está tratando con Ud. primero; luego podrá tener un ministerio con

otros.

b. Determine ser muy práctico en aplicar las Escrituras a su propia vida.

c. Acuérdese de que cuando habla de la experiencia sus enseñanzas cobran autoridad.

d. Lo que Ud. es habla más de lo que Ud. dice.

4. DOMINE LOS PRINCIPIOS DE COMUNICACION Y DE ENSEÑANZA Y VARIOS MÉTO-
DOS DE
APLICACIÓN DE LOS MISMOS.

a. Estudie las parábolas de Jesús para ver los principios de comunicación.

b. Debe reconocer la necesidad de retener la información de cada edad, referente a aplicar su
mensaje a la audiencia.

c. Lea un libro de educación que trate sobre los principios de enseñanza.

5. TENGA COMO PRIORIDAD EL INTERÉS DE SUS ESTUDIANTES, PARA ASEGURARSE
DE QUE
ESTÉN APRENDIENDO.

a. Aprenda cómo involucrar a sus estudiantes. Nunca esté satisfecho con su aprendizaje hasta
que lo estén interrogando.

b. Sea consciente de las actividades de los estudiantes durante el proceso de enseñanza.
Cuando sienta que no están aprendiendo averigüe la razón. Como maestro Ud. es
responsable de que el estudiante aprenda.

6. MEJORE CONSTANTEMENTE LA PRESENTACION DE SU TEMA.

a. Use objetivos o metas para cada lección.

b. Sea lo suficientemente flexible como para cambiar cualquier presentación por algo mejor.

c. Evalúe cada actividad o método de presentación en términos de sus metas.

7. TOME LA DETERMINACION DE TENER ÉXITO A TRAVÉS DEL USO DE CUALQUIER
METODO O
TÉCNICA QUE FACILITE SU COMUNICACION.

a. Su meta es la comunicación: no tenga miedo de intentar o de probar otro método para comunicar sus ideas. Si no hay comunicación, no vale la pena repetirlo.

b. Los maestros tímidos ejercen poca influencia.

8. SI ES POSIBLE, PASE BASTANTE TIEMPO COMO DISCÍPULO DE UN MAESTRO QUE
TENGA ÉXITO PARA APRENDER DE ÉL TODO LO QUE PUEDA.

a. Analice a cada maestro en sus puntos buenos y malos. Evite a los que son malos en su
ministerio. Use a los buenos cuando le resulten naturales.

b. Hable mucho con otros maestros y discuta sobre los éxitos, los fracasos y las técnicas.

c. Aprenda a comunicarse a nivel de las emociones y la voluntad. Aprenda los métodos para
hacerlo.

9. USE SU DON FRECUENTEMENTE, SIEMPRE BUSQUE OPORTUNIDADES.

    a. En la iglesia debe ser sensible a lo que necesita el grupo y así mostrar la respuesta de la Biblia.

    b. En el Instituto Bíblico asegúrese de que sus estudiantes salgan preparados para enseñar.

    c. Prepárese para tener ministerios en otras iglesias desarrollando temas importantes: Carismáticos, Diezmar, Profecía, Pareja, Familia, etc.

El DON DE EXHORTACIÓN

Introducción: A cada uno de nosotros nos hace falta ánimo y consuelo de vez en cuando. A veces tenemos que ser motivados para seguir, servir, o sacrificar. A veces necesitamos consuelo por las pruebas que enfrentamos. Dios ha dado el don de exhortación para cubrir estas necesidades dentro del Cuerpo de Cristo. El don de exhortación es un medio para capacitar a los creyentes a vivir vidas como la de Cristo en las diversas circunstancias de nuestra vida. Hay varios mandatos en donde somos obligados a exhortarnos los unos a los otros. El don puede darse en forma individual (como consejero o motivador) o en público (predicador). El mandato del N.T. demanda que para practicarlo sea desarrollado especialmente por los que sienten que poseen el don. Su ejemplo destacado es vital para la iglesia.

PROCEDIMIENTOS con **SUGERENCIAS**

1. ESTUDIE REGULARMENTE LOS PASAJES QUE TRATAN SOBRE LA APLICACIÓN DE LOS PRINCIPIOS BÍBLICOS Vea la HOJA DE PASAJES PARA APLICACIÓN DE PRINCIPIOS BÍBLICOS.

    a. Su lectura bíblica debe hacer énfasis en estos pasajes. Sus devocionales deben centralizarse en los Salmos y Proverbios.

    b. Busque cómo aplicar estos principios en su vida. Se recomienda que escriba los propósitos que usted haga en base a estos principios como una forma de disciplina.

    c. Sea especialmente sensible al Espíritu para percibir necesidades en vidas y saber cómo aplicar la Palabra con amor a las mismas.

2. ESTUDIE LOS LIBROS DE LA BIBLIA QUE LE AYUDEN A SER MÁS SENSIBLE A LAS NECESIDADES DE OTROS.

    a. En su lectura de los Salmos observe: las experiencias del Pueblo de Dios en su relación con Dios y lo caprichosos que eran.

    b. Descubra cómo usar los Salmos para producir consuelo en circunstancias similares actuales.

    c. Estudie Job y observe:

        * Cómo ayudarles a los que están en sufrimientos y cómo no hacerlo.

        * La confianza en la soberania de Dios para consolar y animar a las personas que están bajo pruebas.

    d. Estudie Eclesiastés para ver las áreas en las cuales los hombres buscan satisfacción.

3. MEMORICE VERSÍCULOS QUE LE AYUDARÁN A EXHORTAR

Prov. 9:8; 10:17; 11:14; 15:28, 31; 17:10; 20:5; 25:11, 12; 26:4-5; 27:5-6, 9, 17; Juan 14:26; 16:13; 2 Cor. 1:3-4; 12:9; Heb. 10:24, 25; Sant. 1:2-4, 6-8,12, 22.

4. ASEGÚRESE DE QUE SU MANERA DE APLICAR LAS ESCRITURAS SEA CLARA

a. La persona exhortada le va a preguntar por qué cree Ud. que su opinión es verdadera. ¿Cómo lo sabe?
b. Asegúrese de que tenga una opinión definida sobre las prácticas que se discutan; basada en la ética cristiana, ya que debe usar su don en los siguientes puntos de la libertad cristiana: aborto, divorcio, convicciones, bebida, etc.

5. EN DISCUSIONES GRUPALES Y CON INDIVIDUOS DEBE ESTAR ALERTA PARA COMPARTIR LO QUE EL ESPÍRITU LE HA MOSTRADO EN OTRAS OCASIONES

a. Las experiencias que Ud. enfrenta serán usadas por Dios para enseñarle las lecciones que luego usará con otros.
b. Debe estar alerta para aprender de las experiencias propias para luego aplicarlas en las conversaciones con otros.
c. Debe orar para que Dios le dé la capacidad de recordar las experiencias y versículos adecuados en las charlas con otras personas.
d. Comparta con otros en amor y teniendo en mente los principios de Fil. 3:15, 16 en mente.

6. APROVECHE LAS OPORTUNIDADES EN PEQUEÑOS GRUPOS Y EN REUNIONES DE LA IGLESIA PARA COMPARTIR SUS EXPERIENCIAS Y APLICACIONES DE LA PALABRA DE DIOS

a. Debido a la naturaleza de su don puede esperar tener una sensibilidad hacia Dios en sus experiencias diarias.
b. El compartir sus experiencias será usado por Dios para ayudar a otros en circunstancias similares aunque Ud. no sea conscientenecesariamente de que lo está haciendo.
c. Comparta de manera que tenga su enfoque en Dios y Su Palabra, no en sus experiencias.

Hoja de PASAJES PARA UNA APLICACION DE PRINCIPIOS BIBLICOS

Libros   **Debe notar mientras lea:**

Proverbios   1. Consejos prácticos para toda instancia de la vida diaria.
                    2. Versículos que muestren cómo dar consejos.

	3. Verdades sobre situaciones reales
Parábolas	1. Verdades centrales, principios fundamentales 2. Métodos de aplicación de las verdades usadas por Jesús.
Otros discursos en los Evangelios	1. Métodos de aplicación de las verdades usadas por Jesús. 2. Verdades sobre situaciones actuales
Romanos 12-16	1. Principios de interrelaciones entre creyentes 2. Principios sobre prácticas discutidas 3. Principios sobre el gobierno

1 Corintios   El libro muestra la técnica de Pablo para enfrentar los problemas de la iglesia. Busque los principios para aplicar verdades a los problemas.

Gál. 1:6-10 2:1-21; 3:1-5; 5:13-6:10	1. La fuerza o intensidad que se necesita para corregir un problema. 2. La importancia de la convicción en una posición bíblica 3. El fervor para amonestar y ejemplos de exhortación.
Efesios 4:1-6, 23	Ejemplos de enseñanzas sobre exhortaciones
Filipenses	1. Cómo compartir su experiencia presente para satisfacer las necesidades de otros. 2. Las exhortaciones hacia la unidad entre hermanos.
Colosenses 3-4	Ejemplos de amonestación
Heb. 2:1-4; 3:7-4:13 5:11-6:20;10:26-39; 12:13	1. Ejemplos de amonestación 2. La importancia de dar la enseñanza primero y después la exhortación
Santiago	1. El uso práctico de las Escrituras en situaciones de la vida real. 2. El uso y mal uso de la lengua. 3. La descripción de la sabiduría práctica y principios para su uso.
1 Pedro	1. Como Dios quiere que seamos sumisos a El en diferentes áreas de nuestra vida y así fortalecernos en la fe. 2. La variedad de áreas en que tenemos que aprender sumisión.
2 Pedro	1. Las áreas donde necesitamos exhortación (falsa enseñanza, perversión de la libertad cristiana, mal entendimiento de la Segunda Venida)
1, 2, 3 Juan	1. Actitudes hacia el pecado y la verdad. 2. Las expresiones de amor. 3. Los peligros de la dictaduras.
Judas	Ejemplos de advertencias fuertes contra la apostasía.

El DON DE SABIDURIA

Introducción: En la Biblia, la sabiduría normalmente aumenta con la experiencia y la madurez. Es probable que sea así con el don de sabiduría. Vez tras vez la iglesia va a enfrentar situaciones complejas y no va a saber qué dirección tomar. En tales situaciones Dios capacitará a uno o varios hombres con el don de sabiduría, tal como le dió a Salomón la sabiduría para dirigir a Israel. Normalmente el don es reconocido por todos cuando se haya puesto en práctica lo que el hombre recomendó. Vez tras vez su consejo demuestra ser evidentemente de Dios.

La fuente de este don es la sabiduría ya escrita en la Palabra de Dios. Por esto Salomón escribió Proverbios. Dios le da una iluminación extraordinaria en la aplicación de principios bíblicos.

La necesidad de este don es obvia, pero parece que pocos tienen el deseo de ponerlo en práctica. Ojalá que haya más personas con el deseo de usar este don.

PROCEDIMIENTOS con SUGERENCIAS

1. DESARROLLE UN DOMINIO DE TODA LA BIBLIA Y SUS DOCTRINAS

   a. Vea el procedimiento del don de Discernimiento
   b. Vea los procedimientos 1-2 en el don de Exhortación.

2. SEA MUY CUIDADOSO CON SU VIDA DEVOCIONAL Y EN MANTENER UNA CONCIENCIA LIMPIA.

   a. Este don requiere un desarrollo interior sobre la aplicación de la Palabra de Dios a sus acciones y pensamientos.
   b. Aprenda a disfrutar de mucho tiempo en oración con Dios y en Su Palabra (Sant. 1:5,6).
   c. El enfoque especial de sus estudios debe ser en Salmos, Proverbios y los Evangelios. Desarrolle la capacidad de ver principios bíblicos en cada parte de la Biblia, sin la necesidad de alegorizar la Palabra.
   d. El don se tornará más eficaz con la madurez en su vida. En la medida que su entendimiento de la sabiduría les haga bien, otros lo van a escuchar.

3. HAGA UN ESTUDIO ESPECIAL DE LOS LIBROS DE PROVERBIOS Y SANTIAGO

   a. Proverbios puede ser leído en un mes leyendo un capítulo por día.
   b. Santiago es la aplicación de la Verdad en las actividades de cada día.

4. EN GRUPOS PEQUEÑOS O EN CONVERSACIONES CON INDIVIDUOS ESTÉ ALERTA A LOS SÍNTOMAS CORRESPONDIENTES A LAS RAÍCES DE PROBLEMAS

   1. Aproveche muchas oportunidades para orar. De vez en cuando haga una pausa en medio de las conversaciones para un momento de oración pidiendo sabiduría.
   2. Anticipe el hecho que Dios le dará la sabiduría y la aplicación correcta a los problemas.

3. Aproveche la sabiduría que Dios le está dando para la Iglesia. Los seminarios de hombres con mucha sabiduría son vitales para las iglesias.

El DON DE DISCERNIMIENTO

Introducción: El don de discernimiento es la forma en que Dios protege del error a Su pueblo. Dios usa el don en las iglesias para asegurar que la interpretación y uso de las Escrituras sea correcto. En las asociaciones de las iglesias lo usa para formular posiciones doctrinales o de ética. Satanás siempre está atacando para pervertir la verdad. Dios usa el don de discernimietno para combatir a Satanás.

PROCEDIMIENTOS con SUGERENCIAS

1. DESARROLLE UN ENTENDIMIENTO DE TODA LA BIBLIA

a. Vea los procedimientos 1-2 del don de Maestro.
b. Debe leer toda la Biblia regularmente de tal manera que todo el contenido de la misma esté fresco y listo para recordar.
c. Reconozca si algo está mencionado en la Biblia o no. Aprenda a no añadir ni quitar de la Palabra. Esté satisfecho con ser claro donde la Biblia es clara, pero flexible donde la Biblia sea flexible.

2. DESARROLLE Y USE EL MÉTODO Y LA PRÁCTICA DE LA HERMENÉUTICA
a. A medida que su entendimiento de la Verdad se va profundizando debe empezar estudios más detallados.
b. Debe desarrollar prácticas de discernimiento que estén de acuerdo con su naturaleza porque tendrá que decidir cosas con más rapidez que en los estudios bíblicos.

3. DESARROLLE UN ESPÍRITU DE INTERROGACIÓN CORRECTO.

a. Procure tener una actitud de querer conocer la verdad. Evite un espíritu de critica. Concéntrese en la Verdad, nada más.
b. Procure hacer una aplicación de la Verdad en forma amorosa para el beneficio de todos.
c. Desarrolle la capacidad de escuchar y preguntar sin ofender.

4. DESARROLLE CAPACIDADES DE ANÁLISIS

a. Estudie materiales que traten sobre principios de lógica y razonamiento.
b. Aprenda las técnicas que faciliten los pensamientos lógicos.
c. Reconozca los métodos de manipulación emocional y sicológica tanto de individuos y como de masas.

5. BUSQUE OPORTUNIDADES PARA EJERCITAR SU DON.

a. En la iglesia local concéntrese en corregir las malas interpretaciones y las malas aplicaciones de las Escrituras, especialmente en Escuela Dominical o Estudios Bíblicos.

b. Si tiene el don de exhortación para predicar, frecuentemente dado con el de discernimiento, puede tener un ministerio más amplio.

c. Quizás necesite desarrollar su capacidad de escribir para ampliar su influencia.

Comentario: El don de discernimiento es uno de los dones que demanda mucha disciplina y estudio bíblico. A veces requiere muchos años para poder desarrollarlo bien. Debe ejercitarlo con gran precaución y cautela porque está juzgando la verdad (1 Cor 14:29). Sin embargo, no podemos ignorarlo en nuestras iglesias.

El DON DE FE

Introducción: El don de fe es uno de los dones más emocionantes para poseer y ejercitar porque se ve la intervención directa de Dios en la vida real. El ejercicio del don en sí tiene lugar en privado, pero se torna en una bendición para la iglesia cuando se anuncia ante ella lo que Dios va a hacer. Siempre sucede lo que se ha anunciado.

Hay mucha necesidad de este don en la iglesia para exhortar y para incentivar la oración y confianza en Dios quien contesta nuestras oraciones. También es importante animar a la iglesia en momentos de necesidad. Es por medio de este don que Dios interviene en la vida de Su pueblo cuando quiere hacer una obra especial. Algunos dicen que es el don de la oración.

La dependencia es la esencia de este don. Es tal que aumenta el poder con la madurez y con el crecimiento en la experiencia personal y el conocimiento de Dios. Obviamente su desarrollo del don tendrá que ver con el aumento en el conocimiento de Su voluntad y con su experiencia de ganar más y más confianza en la intervención del Dios Todopoderoso y Soberano. Una experiencia se observará en el área de rechazar los recursos humanos para probar el poder de Dios.

PROCEDIMIENTOS con SUGERENCIAS

1. AUMENTA SU CONOCIMIENTO DEL DIOS TODOPODEROSO TAL COMO ESTÁ REVELADO EN LA BIBLIA

    a. Estudie el concepto bíblico de Fe.
    b. Haga un estudio de los pasajes que enfaticen cómo operaba Dios en la historia: Gen. 12-25; 37-50; Ex. 1-24; Deut. 1-4; Deut 7-12, 20, 28-32; Josué; Jueces; 1-2 Samuel; 1-2 Reyes; Mateo a Hechos. Note las situaciones, obstáculos, razones y resultados de la intervención de Dios.
    c. En base a los textos responda: ¿Qué aprendí en cuanto a cómo es Dios? ¿cómo es la fe?
    d. Estudie profundamente Josué, Habacuc, Daniel y Juan.
    e. Estudie: Núm. 13, 14 ; Deut 1; 2 Reyes 6:8-7:20; 1 Crón. 4:9, 10; Luc. 11:1-13
    f. Sea un maestro de la oración: principios, condiciones, promesas,etc.
    g. Pase mucho tiempo de sus devocionales en Salmos.

2. AUMENTE SU CONOCIMIENTO BÍBLICO DE DIOS POR MEDIO DE ESTUDIOS TEO-LÓGICOS

a. Estudie los atributos de Dios (Omnisciencia). Use textos teológicos como ayuda

b. Estudie las biografías de Abraham, José, Moisés, Elías, Samuel, etc.buscando principios sobre la fe.

c. Lea libros sobre el tema de la oración.

d. Lea las biografías de George Müeller de Bristol y de Hudson Taylor.

3. MANTENGA UNA LISTA SOBRE SU VIDA DE ORACIÓN PARA ANIMAR SU CONFIANZA EN DIOS

a. Use un cuaderno con sus motivos de oración. Repase y mantenga al día sus listas.

b. Mantenga un archivo de las peticiones que representen la aventura de su fe. Anote las fechas, las peticiones y las respuestas.

4. TOME CONCIENCIA DE LAS PROMESAS DE DIOS EN SU PALABRA Y ÚSELAS.

a. En su cuaderno guarde una lista de promesas.

b. En su lectura y estudio de la Biblia busque y anote promesas que sean generales o condicionales, pero que sean condiciones que pueda cumplir.

c. Repase regularmente la lista de las promesas en función de situaciones reales.

d. Pídale a Dios que haga reales estas promesas en Ud. Acuérdese cuando el Señor le confirme en su corazón lo que quiere hacer.

5. ORE EN UNIÓN CON UN COLEGA ESPECIAL QUE TAMBIEN TENGA EL DON DE FE O QUE QUIERE CRECER EN SU FE

a. Pídale al Señor que le guíe hacia un colega.

b. Marque un tiempo específico y encuéntrense regularmente.

c. Haga un pacto en cada intento de fe de que van a esperar en Dios y anímense el uno al otro hasta que Dios actúe.

6. MEMORICE PORCIONES BÍBLICAS QUE LE ANIMEN EN EL DON DE FE

Ejemplos son: Mateo 7:7-11; 21:21,22; 18:19; Marcos 9:23-24; 11:22-24; Juan 14:12-14; 15:7; 16:23,24; Rom 4:20, 21; Heb. 11.

7. ESTÉ ALERTA PARA RELACIONARSE CON LAS SITUACIONES A SU ALREDEDOR. CON PROMESAS Y PEDIDOS DE ORACION QUE REQUIERAN UN AUMENTO DE SU FE HACIA DIOS

1. Maneras en las cuales puede estar alerta:

a. Espere que Dios provea situaciones que requieran el don de Fe.

b. En cada circunstancia pídale a Dios una promesa o la confirmación en Su Palabra sobre lo que El quiere hacer.

c. Clame a Él por el poder Dios aun cuando otros que están cerca de las circunstancias no tengan fe de la misma manera.

d. Una vez que esté seguro de lo que Dios hará entonces haga lo posible para animarlos a confiar en el poder de Dios.

e. Comience una "ola" de oración por la petición requerida.

f. Si es necesario, confíe sólo en Dios hasta que lo vea cumpliendo lo que Ud. le pidió.

El DON DE REPARTIR O DAR

Introducción: Dios tiene un medio para satisfacer las necesidades de Su pueblo. Normalmente las necesidades de la iglesia se satisfacen por las ofrendas de sus miembros que demuestran su cuidado e interés sincero hacia otros. Repartir es una expresión natural de amor. Sin embargo, Dios ha puesto dentro del Cuerpo, hombres y mujeres, que tienen un don especial para repartir como ejemplo y motivación para los demás.

Estas personas ayudan a satisfacer las necesidades que la iglesia vea necesario cubrir. Muchas veces no fijan un presupuesto anual o un plan hecho en frio. Más bien son respuesta a necesidades especiales que aparecen o por las cuales la persona se interesa. Este don tiene premios de gozo como pocos dones lo tienen. También tiene sus peligros: Satanás quiere distraer a la persona en otros negocios de tal manera que ata su capital para que no pueda soltarlo (2 Tim. 2:4).

PROCEDIMIENTOS con SUGERENCIAS

1. HAGA UN ESTUDIO PROFUNDO DE LOS PASAJES ESPECÍFICOS QUE FORMARÁN SU MANERA DE PENSAR EN CUANTO AL USO DEL DINERO EN SU VIDA.

a. Estudie la parábola del Mayordomo injusto y la historia del Rico y Lazaro.

b. Lea los pasajes en Hechos que ilustran el don de Repartir.

c. Estudie 2 Cor. 8-9 que nos da un tratado sobre cómo repartir en el N.T.

d. Estudie Filipenses 4:10-19 para discernir la perspectiva de Dios y del que recibe la ayuda.

e. Estudie 1 Tim. 6:3-10 para saber cómo pensar acerca de las riquezas.

f. Estudie Santiago 5:1-5 para ver cómo proyectarse hacia el futuro.

g. Memorice los versículos siguientes: Rom 12:8; Gál. 6:6; Ef. 4:28b; Fil 4:19; 2 Cor. 9:7-8; 1 Cor. 16:1-4; Stg. 2:2-4; 1 Jn. 3:17.

2. RECONOZCA QUE DIOS PROBABLEMENTE LE HA DADO CAPACIDADES ESPECIALES PARA
CRECER ECONÓMICAMENTE Y ASÍ COMPARTIR MÁS EN SU OBRA

a. Dedique su negocio y sus actividades a Dios. En un sentido es su servicio de tiempo completo para Dios como un mayordomo especial.

b. Como parte de su ministerio debe desarrollar alguna actividad o negocio para hacer avanzar la causa de Cristo.

   c. Busque dirección especial con respecto a los negocios y a los socios. Pídale a Dios socios con el mismo sentir.

   d. Puede esperar que sucedan milagros en su negocio.

3. RECONOZCA QUE AUNQUE DIOS NO LE HAYA DADO LAS CAPACIDADES DE GANAR MUCHO DINERO SU DON PUEDE SER UN EJEMPLO Y MOTIVACIÓN PARA OTROS.

   a. Si no tiene la capacidad de ganar mucho dinero Dios le puede utilizar para motivar a otros al ver cómo Ud. está dispuesto a sacrificarse por Cristo.

   b. Encontrará que Dios le dará la habilidad para vivir con menos de lo que la mayoría necesita para que usted así pueda dar más al Señor y a Su obra.

   c. Dios frecuentemente dá el don de repartir junto con el don de Fe. Así Dios le provee fondos para que Ud. pueda dirigirlos hacia las necesidades más urgentes.

   d. Reclame 2 Cor. 8:12 esperando que Dios use la ofrenda a pesar del monto y 2 Cor 9:6-15 para que Dios provea para sus necesidades.

4. RECONOZCA QUE VA A TENER SENSIBILIDAD HACIA LAS NECESIDADES DE OTROS Y DE LA OBRA

   a. Va a ver cosas que otros no ven.

   b. Pídale a Dios que le permita aprovechar las oportunidades para dar.

5. NO LIMITE A DIOS DEJANDO DE DAR A OTROS.

*Nunca guarde lo que Dios le indicó que es para otros.

www.ingramcontent.com/pod-product-compliance
Lightning Source LLC
Chambersburg PA
CBHW080936040426
42443CB00015B/3429